AI 财务工具应用技巧

从入门到精通

雏翠 ◎ 著

江西科学技术出版社
江西·南昌

图书在版编目（CIP）数据

AI财务工具应用技巧从入门到精通 / 雒翠著．
南昌：江西科学技术出版社，2025. 5. -- ISBN 978-7
-5390-9473-1

Ⅰ．F275-39

中国国家版本馆CIP数据核字第2025TH9722号

AI财务工具应用技巧：从入门到精通
AI CAIWU GONGJU YINGYONG JIQIAO:
CONG RUMEN DAO JINGTONG

雒翠 著

出版 发行	江西科学技术出版社
社址	南昌市蓼洲街2号附1号
	邮编：330009　电话：（0791）86623491　86639342（传真）
印刷	定州启航印刷有限公司
经销	全国新华书店
开本	710 mm × 1000 mm　1/16
字数	190千字
印张	12.5
版次	2025年5月第1版
印次	2025年5月第1次印刷
书号	ISBN 978-7-5390-9473-1
定价	78.00元

国际互联网（Internet）地址：http://www.jxkjcbs.com　　选题序号：ZK2024517　赣版权登字：-03-2025-36
责任编辑：范春龙　　　　总策划：杨青　　　　出版统筹：柴占伟
策划编辑：杜若婷　张艺　装帧设计：杨紫藤　王靖瑶
版权所有　侵权必究
（赣科版图书凡属印装错误，可向承印厂调换）

前言

人工智能,这个曾经只存在于科幻小说中的概念,如今已深刻融入各行各业,成为推动社会发展的重要引擎之一。而财务领域作为经济活动的核心枢纽,也正迎来一场前所未有的变革。

当人们谈及人工智能时,或许首先想到的是复杂算法、深度学习和数据挖掘。然而,人工智能的真正价值不仅在于技术的突破,更在于能促使人们重新审视人类智慧的边界,反思人与机器之间的关系。可以说,这不仅是一场技术革命,更是一场思维的革新。特别是在财务领域,这种思维革新正逐步渗透并引发深远影响。

长期以来,财务人员的工作被大量烦琐的计算、重复的数据处理和复杂的报表编制所占据。而随着人工智能的介入,传统的财务模式正在被重新定义。财务人员需要从纯粹的数据处理者,转变为战略的参与者和价值的创造者。人工智能为他们提供了强大的工具,但如何面对这个与自己协同工作的"伙伴",成为每一位财务专业人士需要思考的问题。

毕竟,人工智能的强大是好事,也可能成为"坏事"。如果不能驾驭这些工具,被淘汰的可能就是财务人员本身。那在这场技术革命中,财务人员应该如何保持自身价值呢?

其实答案早已藏在每位财务人员心中,那就是主动拥抱变化,学习并掌握人工智能的应用技巧,将其转化为提升自身能力的利器。正如某位思想家所说:"世界上唯一不变的,就是变化本身。"人工智能的发展势不可挡,只有理解并善用人工智能,财务人员才能在未来的职业生涯中立于不败之地。

那如何主动拥抱变化呢?这需要财务人员培养一种与人工智能共生的思维方

式。机器可以处理数据，但无法替代人类的洞察力和创造力。人工智能能够为财务人员提供海量的信息和分析工具，但最终的决策依然取决于人类的智慧和判断。与此同时，财务人员也要关注技术应用中的道德和合规问题，确保在追求效率的同时，不偏离专业的准则和社会的期望。

本书的诞生，正是基于以上思考，希望通过对人工智能在财务领域应用的深入探讨，指导读者如何有效地使用 AI 工具，来轻松应对工作中的各项难题，培养前瞻性的思维方式。AI 工具的功能是有限的，但是用法是无限的，本书所列举的应用技巧和步骤仅作为一种思路指导，而不是标准用法，希望财务人员在工作中，结合真实的工作场景，挖掘出 AI 工具的更大潜能。

特别需要说明的一点是，为了体现 AI 工具当前处理任务的真实水平，本书完整保留了各 AI 工具给出的回答，没有做任何修改处理，所以其中可能存在部分语法和文字瑕疵，也可能有计算错误，请读者理解。

最后想和大家分享一句话：科技的本质是中性的，关键在于使用它的人。只要我们怀揣善意，合理利用，AI 一定会为我们的工作和生活增光添彩。让我们一起期待，见证这个充满无限可能的新时代！

本书在写作过程中，使用 AI 软件或 ChatGPT 的问答截图均为自动生成，可能存在不足或错误之处，还请广大读者斧正。

为了真实演示 AI 软件呈现的效果，本书针对 AI 软件生成的答案，尽量不做任何处理，所以可能其中会出现部分语法和文字瑕疵等，敬请谅解。

目录

第 1 章　AIGC：AI 具有创造性吗

1.1　AI 的起源与发展 / 2

1.2　AIGC 是什么 / 4

1.3　AI 工具所产生的内容具有创造性吗 / 6

第 2 章　AI 工具一探究竟

2.1　文本生成工具 / 10

2.2　图像生成工具 / 14

2.3　音频生成工具 / 17

2.4　视频生成工具 / 19

2.5　PPT 生成工具 / 21

2.6　适合财务办公的 AI 工具总结 / 23

第 3 章　智能协作：AI 提升沟通效率的应用技巧

3.1　在线同步数据，跨部门轻松协作　/ 26

3.2　数据在不同平台与文档中的同步更新技巧　/ 33

3.3　智能翻译在跨语言财务沟通中的妙用　/ 41

3.4　创建 AI 财务问答智能体，减少重复解释　/ 45

3.5　AI 会议助手自动完成会议记录　/ 63

财务核算：AI 简化核算流程的应用技巧　第 4 章

4.1　让 AI 工具协助税务核算　/ 74

4.2　从信息识别到录入的发票处理自动化流程　/ 79

4.3　AI 生成会计分录　/ 86

4.4　AI 精确计算固定资产折旧　/ 95

目录

第 5 章　数据分析：AI 驱动财务分析的应用技巧

5.1　智能函数运用 / 102

5.2　巧用 AI 快速筛选数据 / 108

5.3　财务指标计算与自定义 / 115

5.4　AI 深度分析财务指标 / 119

5.5　财务异常数据识别与原因查找 / 124

5.6　AI 分析投资组合与决策建议 / 131

第 6 章　财务报告：AI 工具一键生成可视化财务报表的实战技巧

6.1　用 AI 生成可视化图表 / 136

6.2　用 AI 辅助撰写财务报告 / 147

6.3　AI 校对与润色财务报告的实用操作 / 157

6.4　一键生成财务汇报 PPT / 161

第 7 章　智能内控：AI 提升财务安全的应用技巧

7.1　AI 优化应收账款管理的操作方法　/ 178

7.2　用 AI 工具解读税务合规要求　/ 183

7.3　AI 协助应对审计工作　/ 188

第 1 章

AIGC：AI 具有创造性吗

　　AI 从诞生至今还未满百年，就已经从一个模仿人类思维的机器实验，扩展到了各种创意领域的内容生成，出现了 AIGC 这种跨越式的发展成果。而当 AIGC 这股风刮到了财务领域，更是带来了前所未有的可能性。

1.1　AI 的起源与发展

故事开始于 20 世纪 40 年代到 50 年代，当时的计算机科学家们想要探索创建出能够模仿人类智能的机器。他们最初的想法是：既然机器可以通过符号进行操作来模仿逻辑推理，那么它们也许能模仿更复杂的人类思维过程。

于是在 1950 年，艾伦·图灵（Alan Turing），一位英国数学家和逻辑学家，提出了著名的"图灵测试"。测试的具体方式是这样的（如图 1-1 所示）：一名人类审问者在不直接面对另两个参与者（一机器和一人类）的情况下，通过键盘和屏幕与他们进行对话。审问者的任务是通过提问来确定哪一个是机器，哪一个是人。如果审问者无法准确判断出哪个是机器，或者错误地将人类判定为机器，那么机器就通过了图灵测试。

图 1-1　图灵测试

这项测试认为：如果一台机器在进行文字交流时，能够让与其对话的人类参与者无法判断出它是机器还是人类，那么这台机器就可以被视为具有"智能"。该想法对后来的人工智能研究产生了深远影响。

1956 年，一群科学家在达特茅斯会议上首次正式使用了"人工智能（Artificial Intelligence，AI）"这一术语。他们的目标是探索所有可能的方法，将学习、推理，以及其他智能行为，用符号的形式展示出来。会议集结了多个领域的专家，共同讨论和研究如何使机器具备看、说话甚至翻译语言等与人类智能相关的功能。

观察 AI 的起源过程，我们不难发现：AI 自诞生之初，就被科学家们赋予了"创造性"期待。这种"创造性"期待源自人类对于模拟和超越自身智能的渴望。科学家们一直希望机器不仅能够重复人类的计算任务，更能发挥出创新力和解决问题的能力。

因此，早期的 AI 研究重点关注于逻辑和规则的实现，比如怎么让机器通过预设的指令来模拟简单的思维过程。然而，随着时间的推移，这种研究逐渐发展成更为复杂的认知模拟，试图让机器具备抽象思维能力，并可以创造性地解决问题。

到了 20 世纪末，随着计算能力的提升和更复杂算法的发展，机器开始具备基于大数据进行学习和预测的能力。此类能力让 AI 在处理复杂的数据集时更加直接高效，而且能从中找到一些规律，应用在各种实际问题解决方案中。

例如，深度学习的兴起使得 AI 在图像识别、语音识别和自然语言处理等领域取得突破性成就。这些技术经过多年的沉淀，后来被广泛应用于人们的日常生活中，包括智能手机的语音助手、社交媒体上的面部识别，以及在线客户服务聊天机器人等。

于是在 21 世纪，AI 的发展进入了一个全新的时代。如今的 AI 已经实现了从理论探索到实际应用的转变，被集成到更广泛的场景中，涵盖了创作、音乐、写作，以及科学发现等方面，并展现出惊人的创造力，逐渐成为人类智能的辅助与补充。

未来，AI 预计将更深入地与其他技术如量子计算、生物技术等融合，开辟出新的研究和应用领域，继续推动人类社会和科技的发展。当然，这也预示着更加智能化的未来。

1.2 AIGC 是什么

AIGC（Artificial Intelligence Generated Content，人工智能生成内容）是指，利用人工智能技术自动创建文本、图像、音乐、视频等多种形式的内容。该技术通过训练机器学习模型，使其学会理解和模仿人类的创作方式，从而能够独立产生新的、有创意的作品。

单纯从理论上看，可能很抽象，但仔细观察我们的周围，就会发现 AIGC 已经悄悄地渗透进人们生活中。比如，大家在社交媒体上看到的一些视频滤镜效果，背后可能就有 AIGC 的功劳；又或者偶然听到一首新歌，看到一张图片，都有可能是由 AI 创作的。甚至在 2024 年，第十四届北京国际电影节上，还首次开设了 AIGC 竞赛单元，来评选优秀的 AIGC 电影短片，实在令人惊叹！

或许有人会疑惑：AI 到底是怎么做到这些的呢？

这还要归功于涉及多个人工智能领域的 AIGC 技术，其中具有代表性的有自然语言处理（Natural Language Processing，NLP）、计算机视觉和生成式对抗网络（Generative Adversarial Networks，GAN）。

举个简单的例子，自然语言处理让 AI 能够理解并生成人类的语言。通过分析成千上万的文章、书籍和对话，AI 可以掌握语言的结构、词汇的用法，以及各种表达方式。当人们在手机上使用语音助手时，它会理解收到的指令，并给出相应的回应。而当 AI 被用于写作时，它可以根据给定的主题，写出一篇逻辑清晰、内容丰富的文章。

计算机视觉可以让 AI 拥有"看"的能力。通过训练，AI 可以识别图片和视频中的物体、人脸，甚至是复杂的场景。这也是为什么现在的手机相册能够自动给照片分类，或者在社交媒体上给用户推荐可能认识的人。而更高级的应用，比如自动驾驶汽车，也是依赖于计算机视觉技术，能够实时识别道路、车辆、行人等信息。

生成式对抗网络则是 AIGC 的又一大核心技术，其原理有点像两个 AI 在"对弈"，一个负责生成内容（比如图片），另一个负责辨别这些内容是真实的还是假的。通过这种对抗式训练，AI 生成的内容会越来越逼真。现在，生成式对抗网络已经被用来生成高质量的图片、音乐，甚至是视频。

所以，AI 已经在不知不觉间，经过了无数次的训练和调整，拥有了一定的创造性，以各种内容形式满足了当初科学家们对 AI 的期待，这就是 AIGC。而利用人工智能技术，帮助用户自动生成文本、图像、音频和视频等内容的软件或平台就被称为"AIGC 工具"，通常人们也会简称其为"AI 工具"。

1.3 AI 工具所产生的内容具有创造性吗

AI 工具的发展反映了人工智能技术在理解复杂数据、生成有用内容以及帮助人类进行决策方面的巨大潜力。但是，面对市面上的 AI 作品，不少人都会发出一个疑问：AI 工具所产生的内容具有创造性吗？

毕竟在传统的观念里，创造性一直是人类的专属，可现在的 AI 既能写诗，又能作画，还能写歌，不得不让人产生些许疑虑。

其实，要回答这个问题，需要先界定出什么是创造性？是完全从无到有，还是在已有的基础上组合出新东西？如果是前者，那可以说目前 AI 工具所产生的内容不具有任何创造性，因为它们的作品是在对大量已有数据的分析基础上模仿组合出来的，缺乏真正的原创性思维。简单来说，AI 只是按照程序和算法的指令行事，并没有自我意识和主观意志，所以无法产生完全独立于人类经验之外的新概念、新思想。

但如果我们认为创造性是基于已有元素的重新组合和创新表达，也就后者的观点，那么，AI 工具确实展现出了一定程度的创造力。因为人类的创造过程很多时候也是站在前人的肩膀上，吸收已有的知识，再加以独特的理解和诠释。就像莫扎特的音乐、达·芬奇的绘画、莎士比亚的剧作，无一不是受到他们时代背景和文化积淀的影响才创作出来。

AI 通过深度学习，从海量的数据中提取规律和模式，然后生成新的内容。这种过程在某种程度上类似于人类的学习和创作。虽然 AI 没有情感和意识，但它能够在数据的基础上进行复杂的运算和组合，生成令人惊叹的作品。有些 AI 生成的绘画和音乐，甚至能触动人们的情感，引发共鸣。

可见，从不同视角来看，AI 是否具有创造性仍是一个主观命题，没有客观统一的答案。不过，人工智能的发展的确让人们开始重新思考什么是创造性。也许，创造性不仅仅是人类独有的特质，而是更广泛的概念。机器的出现，会拓宽人们的视野，让大家看到不同形式的创造。就像曾经人们认为只有人类能下棋，而现在 AI 已经在围棋上超过了人类顶尖高手。

由此看来，相比于讨论"AI 是否具有创造性"的话题而言，讨论"AI 是否能激发出人类更多的创造力"的话题显然更有价值。因为有了 AI 的辅助，人们就可以把更多的精力放在更高层次的创作上。就像摄影技术的发展并没有消灭绘画，反而催生了新的艺术形式。

所以，与其纠结于 AI 是否有创造性，不如思考如何更好地与 AI 协作，发挥各自的优势。毕竟，未来是人机共存的时代，我们需要找到新的平衡与共赢方式。让机器的效率和人类的情感相结合，或许能创造出前所未有的奇迹。

第2章

AI 工具一探究竟

近年来,AI 工具的发展速度之快,影响之深远,超乎众人的想象。从文本和图像生成到音乐和视频制作,AI 工具通过学习大量数据,能够在几秒钟内提供与人类相媲美的创作成果。接下来,让我们深入探索这些正在重塑各行各业的 AI 工具。

2.1 文本生成工具

文本生成工具是利用 AI 自动生成各种文字内容的工具。它们的出现，彻底改变了人们与文字交互的方式，为创作带来了无限可能。

举个例子，假设你是一名营销人员，需要为新产品写一篇吸引人的广告文案。灵感一时半会儿找不到，这时候怎么办？可以利用文本生成工具，输入产品的特点和目标受众，AI 即刻就能生成几段创意十足的文案，营销人员可以从中挑选最合适的，或者结合自己的想法进行修改，既节省了时间，又提升了工作效率，如图 2-1 所示。

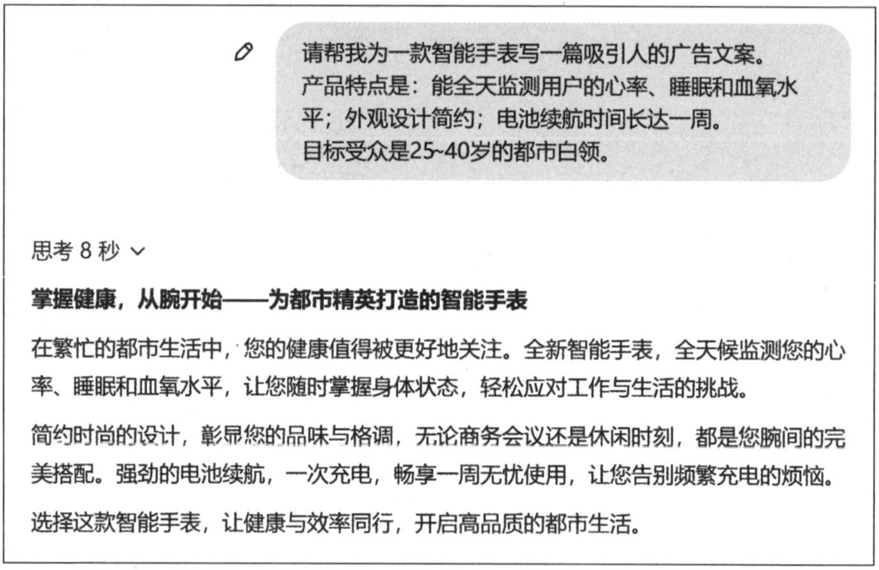

> 请帮我为一款智能手表写一篇吸引人的广告文案。
> 产品特点是：能全天监测用户的心率、睡眠和血氧水平；外观设计简约；电池续航时间长达一周。
> 目标受众是25~40岁的都市白领。

思考 8 秒 ∨

掌握健康，从腕开始——为都市精英打造的智能手表

在繁忙的都市生活中，您的健康值得被更好地关注。全新智能手表，全天候监测您的心率、睡眠和血氧水平，让您随时掌握身体状态，轻松应对工作与生活的挑战。

简约时尚的设计，彰显您的品味与格调，无论商务会议还是休闲时刻，都是您腕间的完美搭配。强劲的电池续航，一次充电，畅享一周无忧使用，让您告别频繁充电的烦恼。

选择这款智能手表，让健康与效率同行，开启高品质的都市生活。

图 2-1 ChatGPT 生成广告文案

假设你是一名财务人员，需要制作一份简单的财务通知，告知全公司员工本月的报销截止日期和注意事项。你对公告的格式和措辞有些拿不准，担心表达不清楚会导致同事们的误解。这时候可以求助于文本生成工具，如图 2-2 所示。

> 帮我写一份公司内部的财务通知,提醒大家本月的报销截止日期是25号,报销申请需附上有效发票,并填写完整的报销单。

【公司内部财务通知】

主题:关于本月报销截止日期的重要提醒

各位同事:

您好!

为了保障公司财务工作的顺利进行,特此通知本月财务报销的截止日期为XX月25日。请各位同事注意以下几点,确保您的报销申请能够及时、准确地得到处理:

(1). **报销截止日期**:请务必在XX月25日前将报销申请提交至财务部。逾期提交的申请将顺延至下月处理。

(2). **有效发票**:报销申请必须附上正规、有效的发票原件或经认可的电子发票。发票内容需清晰,信息完整,包括开票日期、项目、金额等,且与报销事由相符。

(3). **完整报销单**:请填写公司统一的报销单,并确保所有信息(如报销人姓名、部门、报销项目、金额等)准确无误,同时需经直接上级审核签字。

请各位同事提前规划,准备好相关材料,按时提交报销申请。如有任何疑问或需要协助,请随时与财务部联系。

感谢大家的理解与配合!

祝工作顺利!

【公司名称】财务部

【发布日期】XXXX年XX月XX日

图 2-2 文心一言生成通知邮件

有了这份通知,你只需稍作检查,就可以在公司群或邮件中发布了。

又或者,你是一名 HR 专员,在工资表完成之后,需要将整张表拆分成一个一个的工资条发给每位员工,自己逐一制作太烦琐了,可以让文本生成工具生成一段能快速完成该任务的 Python 代码,如图 2-3 所示。

> 请给我一段Python代码，将电脑桌面上的"工资表.xlsx"，拆分成50个包含表头和员工工资信息的单独表格，每个表格要用员工的姓名来命名，最后保存在电脑桌面上的"工资条"文件夹中。

根据你的要求，以下是一段Python代码，它会读取桌面上名为"工资表.xlsx"的Excel文件，并将其拆分成最多50个单独的Excel文件，每个文件包含一个员工的信息和原始表格的表头。这些文件将以员工的姓名命名，并保存到桌面上的"工资条"文件夹中。

```Python
import pandas as pd
import os

# 设定路径
desktop_path = os.path.join(os.path.expanduser("~"), 'Desktop')
summary_path = os.path.join(desktop_path, '工资表.xlsx')
folder_path = os.path.join(desktop_path, '工资条')

# 确保输出目录存在
os.makedirs(folder_path, exist_ok=True)

# 读取Excel文件中的数据
data = pd.read_excel(summary_path)

# 假设'姓名'是DataFrame中的一列，用于区分不同员工
split_limit = 50  # 设置拆分的最大数量为50
handled = 0  # 记录已经处理过的员工数量

for name, group in data.groupby('姓名'):
    if handled >= split_limit:
        break  # 达到设定的拆分限制后退出循环
    # 将每个员工的数据（包括表头）写入新的Excel文件
    output_file_path = os.path.join(folder_path, f'{name}.xlsx')
    group.to_excel(output_file_path, index=False)
    handled += 1

# 完成提示
print("工资表已拆分并保存至新建文件夹'工资条'")
```

图 2-3 通义生成表格拆分代码

有了这段代码，你只需将其复制到 Python 的编辑器中运行，就可以自动将整张工资表拆分成每位员工的工资条，并保存为独立的文件或直接发送给他们。这样一来，你不再需要手动一个个地处理，大大节省了时间和精力。

所以，文本生成工具不仅帮助专业的程序员编写代码，还能让对编程不熟悉的职场人士受益。即使没有编程背景的人，也可以借助 AI 生成的代码来完成一些自动化的任务，提升工作效率。

通过以上三个例子，足可以看出文本生成工具在日常工作中的实用性。无论是撰写邮件、制定计划，还是编写代码、总结会议纪要，它们都能帮上忙。即使不是文字高手，或者在忙碌中抽不出时间精心撰写，这些工具都能帮助我们快速生成专业、得体的文本。而在不同类型的 AI 工具中，文本生成工具也是利用率最高的。

当然，在使用这类工具时，我们也要注意保持自己的思考和判断。毕竟，AI 生成的内容可能不完全符合需求，或者存在一些小错误。这时候，就需要进行适当的人工修改和润色。

目前，国内外都有许多出名的文本生成工具。在国际上，最为知名的当数 OpenAI 开发的 ChatGPT。而在国内，阿里的通义、百度的文心一言、抖音的豆包、讯飞的星火认知大模型等也是备受关注的文本生成工具。这些工具都在不断发展，逐步提升 AI 在中文领域的表现能力，为用户提供更贴近本土文化和语言习惯的服务。

2.2 图像生成工具

很多文本生成工具也同样集成有图像生成的功能，比如 ChatGPT、文心一言、通义、豆包等。这些工具不仅能够理解和生成文字内容，还能根据用户的描述生成相应的图像，使创作过程更加丰富多样，这就是图像生成工具。只需输入一段文字描述，AI 就能轻松地将人们的想法变为图像，让没有绘画基础的人也能轻松创作出高质量的图片，极大地降低了创作门槛。同时，它也为专业的设计师和艺术家提供了新的灵感来源和创作手段。

假设你是一名电商店主，想为新上市的产品制作一张独特的宣传图片。你可以在 ChatGPT 中输入："请生成一张产品宣传图，画面是一款放在海滩上的蓝色运动水壶，背景有阳光和海浪，风格清新自然。"

几秒钟后，AI 就会为你生成一张符合描述的图片，如图 2-4 所示。

图 2-4 ChatGPT 生成产品宣传图

有了这张图片,你可以直接用于产品的线上推广,省去了寻找设计师或自己拍摄的麻烦。

当然,图片的生成应用场景远不止于此,如果你是一名教师,正在准备一堂关于四季变化的自然课,希望有一张形象生动的夏季景色示意图,帮助学生理解夏季的特征。只需在图像生成工具中输入:"请生成一张适合儿童教育的卡通风格夏季景色图,展示天气的炎热。"

这样,AI 就能为你生成一幅直观的教学图片,丰富你的课堂内容,如图 2-5 所示。

图 2-5 豆包生成夏季景色卡通图

通过这些例子可以看到,集成了图像生成功能的文本生成工具,极大地方便了我们的工作和生活,也标志着 AI 工具正朝着多模态融合的方向发展。用户在与 AI 互动时,可以同时获得文字和图像的反馈,提升了信息交流的效率和质量。

当然，除了这些集成性的 AI 工具外，还有专门的图像生成工具，比如 Midjourne 和 Stable Diffusio。与其他工具相比，这类工具的专业性更强，其算法和模型经过针对性地优化，对光影、色彩和构图有着深刻的理解。生成的图像在细节处理上更加精细，质感更佳，视觉效果更具冲击力。同时，它们提供了多种参数设置，允许用户自定义图像的分辨率、风格、细节程度等。这种高度的可控性，使得用户能够根据具体需求，对生成结果进行精细调整，获得更加满意的作品。

因此，在需要高品质图像的专业领域，如广告设计、概念艺术等方面，这类专业的图像生成工具表现更为突出。但如果在其他领域，偶尔需要用到图像，且要求不是特别高的，集成性的 AI 工具显然更符合使用习惯。

2.3 音频生成工具

音频生成工具是 AIGC 领域的一个重要分支,可以利用 AI 生成或编辑音频内容。传统的音频制作需要音频工程师、配音演员和音乐家的密切合作,而通过音频生成工具,用户只需输入文本或简单的旋律,就能快速得到高质量的音频输出。这类工具可以模拟不同的声音、调整语调、速度,甚至创造全新的音乐作品,已经成为创意产业中不可或缺的工具,应用于自动化的新闻播报、虚拟助手的声音响应,以及个性化的音乐创作等领域。

市面上的音频生成工具既包括集成性的大型工具,也有专注于特定功能的专业工具。集成性的工具是在文本生成、图像生成的基础上,还可以进行音乐的生成,如图 2-6 所示。

图 2-6 豆包音乐生成页面

而在更专业的音频生成领域，还有专注于配音、音乐生成，语音合成等的 AI 工具，提供成百上千种 AI 配音角色和配音风格，甚至能生成一个与原声高度相似、表达自然、音质清晰的个性化配音。

这些工具使用起来也很方便。用户通过平台界面或 API 与工具进行交互，输入需要转化或创造的音频内容，选择相应的声音模型和参数，如语速、音调、风格等，然后工具会处理这些输入的内容，最终输出音频文件。

除了生成音频，很多工具还提供从录音、编辑到生成一站式的音频处理解决方案，支持音频转文字、文字转音频等功能，广泛应用于企业宣传、商业广告、促销活动、教育课件、社交媒体平台以及有声读物等多个领域，极大地扩展了音频内容的创作可能性，降低了技术门槛，使得更多非专业人士也能参与到音频创作中来。

2.4 视频生成工具

视频生成工具是利用机器学习模型来自动化地创建或编辑视频内容的工具。这些工具可以生成简单的动画,也能生成复杂的场景模拟视频。用户只需要指定某些参数,如风格、主题,或者特定的视觉元素,AI 就能根据这些参数生成对应的视频。这类工具在内容创造、广告、教育和娱乐等多个领域均有广泛应用。

视频生成工具的核心功能之一是视频内容的自动化生成,这包括从零开始创造全新的视频场景或根据特定主题和风格,合成相应的视频片段。例如,模拟历史事件、重现名画中的场景,或者创建全新的虚拟现实世界,都能够根据用户的需求定制。

同时,视频生成工具还能够进行视频内容的智能编辑,如自动剪辑、色彩校正和视觉效果增强。这意味着即使是没有专业视频编辑技能的用户,也能制作出具有专业水准的视频。视频生成工具通过分析视频内容的结构和元素,自动提出编辑建议或直接应用用户的指定风格,极大地简化了视频后期处理的复杂性。

市面上的视频生成工具种类繁多,既有专门针对专业人士设计的视频软件,如 Adobe After Effects 或 DaVinci Resolve 的 AI 功能,也有面向普通用户的视频编辑工具,如剪映、可灵,这些工具使得视频创作变得更加简单快捷。无论是希望制作动画、实时视频还是混合媒体作品,用户都可以在这些工具中找到合适的解决方案。

以可灵为例,该工具提供文生视频和图生视频两种功能(如图 2-7 所示)。一方面,用户可以输入一段详细的文字描述,可灵就能根据描述中的场景、人物、动作和情感等要素,生成对应的视频画面。另一方面,图生视频功能更加方便。用户上传一张图片后,可灵能够将其扩展为一段动态的视频。它为图片中的人物赋予动作,为风景增添动态效果,让静态的图像瞬间活起来。例如,上传一张美丽的风景照片,可灵可以让云彩飘动、树叶摇曳、水流潺潺,使画面更加生动自然。

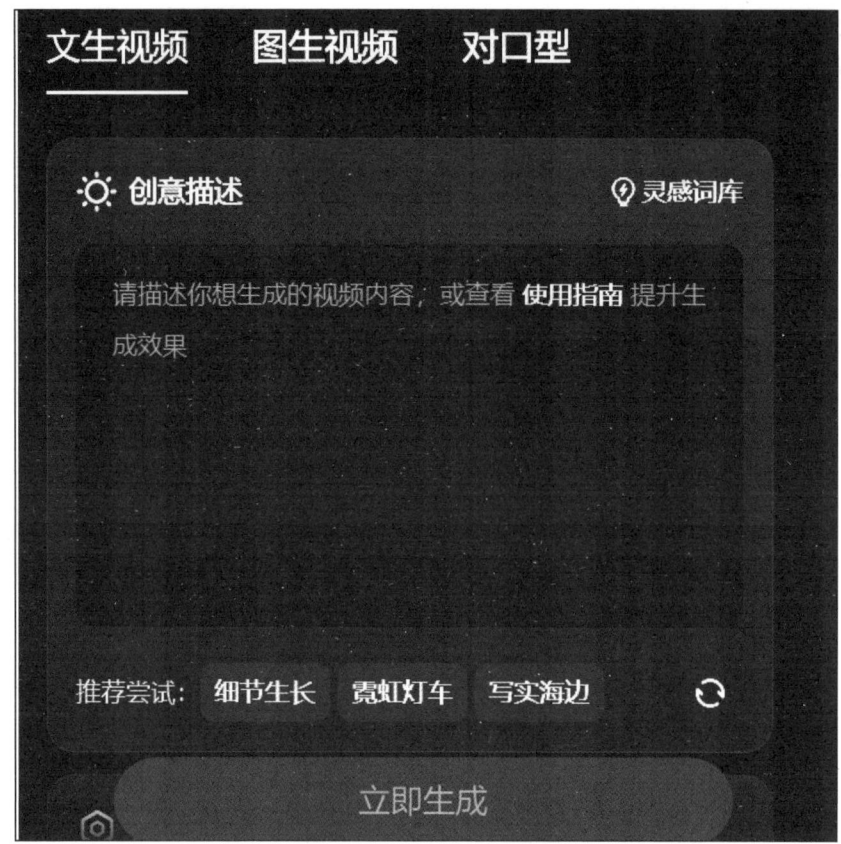

图 2-7 可灵视频生成页面

未来,随着 AI 技术的不断进步和创新,视频生成工具的功能将更加强大和智能化。它们不仅能改变专业影视制作的流程,更将使视频内容的创作和分享变得无处不在,极大地丰富我们的视觉文化和艺术表现形式。

2.5 PPT 生成工具

如果盘点各类令人头疼的工作，制作 PPT 一定榜上有名。在商业和教育环境中，PPT 已经成为展示想法和结果的标准方式，但其制作过程非常耗时且重复性高。传统上，即便是经验丰富的 PPT 设计师也可能需要数小时来完成一个演示文稿的设计。就算使用一般模板，将内容一一复制粘贴过来再调整布局大小，也需要 1 个小时左右才能完成。

幸运的是，AI 工具在这一领域也有涉猎。它们能够根据用户提供的主题、提纲，甚至是一个关键字，在一分钟之内自动生成内容丰富、设计精美的 PPT。让用户不再需要从零开始构思幻灯片的布局和配色，也不用为寻找合适的图片和图表而烦恼，只需要浏览审核一遍内容即可完成 PPT 制作。

值得一提的是，这类工具还具备高度的自适应性，能够学习用户的偏好和历史使用模式，提供更加个性化和优化的演示文稿设计方案。如果一名财务人员频繁需要制作包含大量财务分析和企业数据的 PPT，系统便能自动保存这类设计模板和布局偏好，以供未来快速使用。

目前市面上已经有不少这样的 AI 工具。比如之前提到过的通义，在文本生成、图像生成的基础上，也能快速生成 PPT，用户通过访问通义网页版的效率版块，就能进入 PPT 创作页面，在其中简单输入主题描述，如"人工智能的发展历程与未来趋势"（如图 2-8 所示），该工具即可迅速理解需求并自动构建出结构严谨的 PPT 大纲及相应内容，最后生成 PPT。

在设计排版上，该工具还提供了多样化的设计功能。系统能够根据文本内容智能匹配并推荐合适的图片，同时也支持用户上传自定义图片，确保 PPT 视觉元素的个性化和主题相关性。其丰富的模板库涵盖了从工作汇报到学术演讲、日常分享等多种演示场景，满足了不同用户在多样化应用场合下的需求。当然，说到职场上使用频率最高的软件，一定是 Office 办公软件。"能熟练操作使用办公软件"这一点甚至是被写进很多工作岗位的招聘要求里的。而 PPT 演示文稿也恰好是 office 办公软件的套件之一。在国内的办公软件中金山 WPs 的用户基础较大，如今 WPs 也推出了 AI 功能，支持一键生成 PPT。如图 2-9 所示。

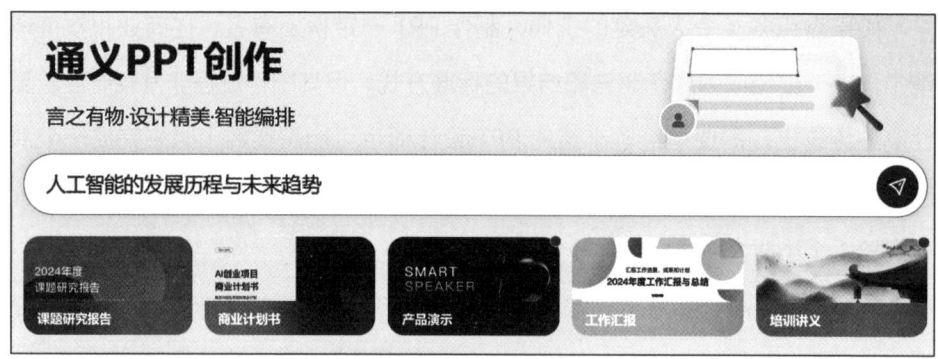

图 2-8 通义 PPT 生成页面

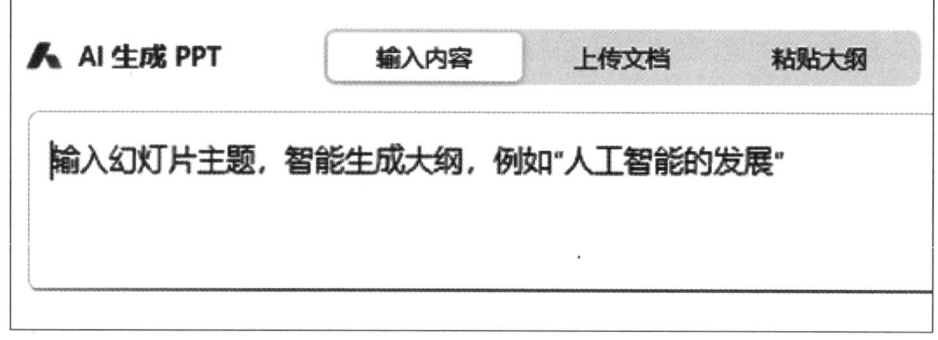

图 2-9 WPS 的 PPT 生成页面

当然，AIGC 的 PPT 生成工具还在不断发展中。目前生成的幻灯片可能在创意和个性化方面还不尽如人意，需要人工进行一定的调整。但不可否认的是，它们已经在很大程度上提高了我们的工作效率，让 PPT 制作不再成为烦琐的负担。

值得注意的是，虽然 AI 可以帮我们完成大量的基础工作，但最终的内容质量和演示效果，仍然需要我们亲自把关。尤其是在涉及专业领域的数据和信息时，确保准确性和权威性至关重要。

2.6 适合财务办公的 AI 工具总结

认识了那么多 AI 工具，到底哪些适合财务办公使用呢？这才是职场财务人最关心的问题。

事实上，文本生成工具和 PPT 生成工具在财务办公中的应用性是最广泛的，因为它们直接满足了财务工作的核心需求：高效、准确地处理和传达信息。

财务工作本质上与数据报告密不可分，每天都需要处理大量的数据和文书工作，如财务报告、预算方案、风险评估、合规文件等。文本生成工具在这方面发挥了巨大的作用。它们能够根据用户输入的数据和要求，自动进行数据计算、归类并进行数据分析，汇总成专业的财务文档，减少大部分的重复性劳动。同时，PPT 在财务汇报和沟通中扮演着关键角色。无论是向管理层汇报业绩，还是向投资者展示公司的财务状况，专业的演示文稿都是必不可少的。PPT 生成工具能够根据提供的内容和数据，自动生成设计美观、结构清晰的演示文稿。这样，财务人员就能把更多的精力放在内容本身，而不是形式上。

在其他类型的 AI 工具中，图像生成工具也有其妙用。当然，这里并不是让财务人员生成什么宣传海报、产品照片，而是生成数据图表。财务数据通常需要通过可视化的方式来呈现，以便于理解和分析。图像生成工具可以根据输入的数据，自动生成各种类型的图表和可视化效果，如折线图、柱状图、饼图和热力图等，有助于在报告和演示中清晰地展示财务状况、业绩趋势和关键指标。而且，在做一些风险评估或者市场预测的时候，AI 还能帮忙生成相关的示意图，辅助决策。

而音频生成工具和视频生成工具，在财务工作中的应用相对有限，不过在特定场景下仍然具有价值。比如，在进行会议记录的时候，音频生成工具可以将会议上的所有发言实时转成文字，方便总结会议纪要。财务部门还可以利用视频生成工具，将财务数据、图表和解说结合起来，自动生成动画视频。以视频形式生动地展示财务报告、预算方案，开展财务培训，增强观众的理解和兴趣。

目前，在市面上琳琅满目的 AI 工具中，财务人员具体应该怎么选择呢？

其实道理很简单，就像做饭时，如果有一把功能齐全的多用锅，谁还愿意摆满一柜子的锅具呢？对于财务人员来说，工作中需要处理大量的数据、报告和沟通任务，如果能在一个平台上搞定，何必在不同的软件之间来回切换，浪费宝贵的时间和精力。而且，财务数据可是公司的核心机密，安全性马虎不得。如果数据散落在不同的软件和平台上，安全漏洞的风险就会上升。而集成性工具通常有更完善的安全措施，数据集中管理，更容易保护信息不被泄露。这无疑让财务人员在处理敏感数据时更加安心。

还有一个更现实的问题，学习和维护多个工具的成本可不低。熟悉一个软件已经需要花费不少时间，如果还要掌握各种不同的工具，难免让人抓狂。集成性工具简化了学习曲线，降低了培训和维护的成本，让财务人员能专注于自己的专业领域，而不是被各种软件搞得晕头转向。

我们之前提到过的 ChatGPT、文心一言、通义、豆包等，都属于集成性的 AI 工具，除此之外，还有像 WPS 这样在原有基础上新开发出 AI 功能的工具。这些工具的功能大部分是相似的，用户根据自己的使用习惯自由选择一两个即可。

为了方便展示 AI 工具在财务领域的应用技巧，本书后续的演示将以通义和 WPS 为主。

特别说明：书中所有工具应用操作仅作为展示，不作为推广。

第 3 章

智能协作：
AI 提升沟通效率的应用技巧

沟通效率在财务工作中是个大问题，尤其当涉及多个部门和不同团队时，信息传递常常成为瓶颈。比如一个简单的报表变更通知，可能要发多次邮件、打几次电话，最终大家才能明白。时间被耗在了"信息对齐"上，而不是实际工作中。不过，AI 正在改变这一切，它不仅能快速同步信息，还能智能解答常见问题、精准翻译财务术语，甚至能自动整理会议记录，帮财务人员省下每一秒因为沟通不畅而浪费的时间。

3.1 在线同步数据，跨部门轻松协作

财务部门和其他业务部门之间的沟通往往存在很多障碍，最典型的就是数据不同步。大家经常会遇到这样的情况：一个月度报告的财务数据刚刚做好，发给销售部门时，销售那边的数据又更新了；或者管理层在讨论预算时，财务和市场部门各自的表格数据对不上，导致会议一直纠结在"对不对"上，而不是"该怎么做"上。这种来回地反复沟通，不仅拖慢了工作节奏，还容易引发信息误解和决策错误。AI 的数据同步功能，尤其是基于云端的同步，可以让所有人都在同一张桌子上讨论问题，而不必来回交换资料。

目前，很多办公软件都支持在线文档协同编辑和数据同步，这是入门级别的数据同步操作，适用于没有购买大型管理系统的中小企业，或日常数据同步范围较小的财务工作场景。

下面以 WPS 为例，简单演示一下如何通过将表格上传到云端，并赋予不同权限的方式，让不同成员看到最新的数据变更，而不用频繁发送邮件或手动更新表格。

【演示 1】 为表格生成分享链接

在 WPS 中，打开需要与其他部门共享的表格文件。如果文件尚未上传到云端，可以先在本地完成编辑。然后在页面的右上角，点击"分享"按钮，位置如图 3-1 所示。

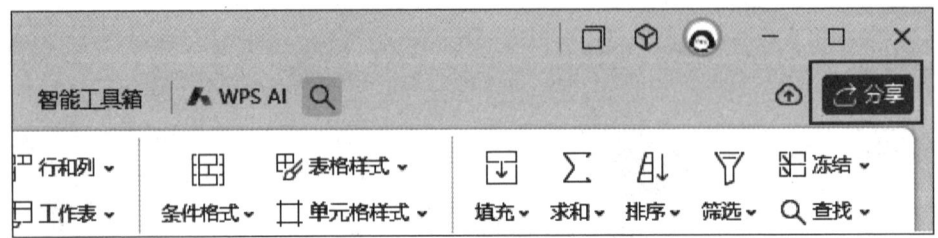

图 3-1 WPS 表格分享权限开通入口

点开后会看到"和他们一起查看/编辑"选项,开启这个选项就会开启多人协作模式。但 WPS 会先要求将表格上传至云盘(如图 3-2 所示),因为多人协作需要在云端存储文件,以便所有人都能实时访问和编辑同一个版本的表格,从而实现数据同步和更新。

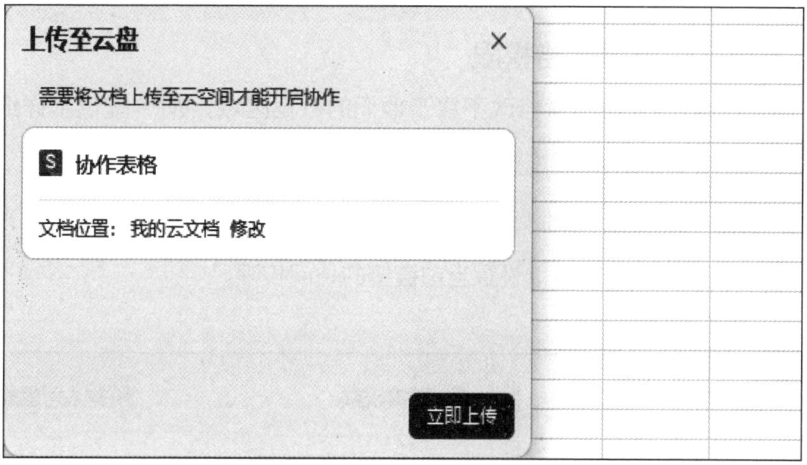

图 3-2 WPS 表格上传至云盘

图 3-3 WPS 表格分享权限链接位置

点击"立即上传"后,即可进入协作模式。此时的"分享"按钮下面就会出现该表格文件的分享链接。用户可以选择"复制链接"(如图3-3所示),通过邮件、企业通信工具将该链接发送给需要填写预算的各部门负责人。

接收者们只需点击链接,就可以在浏览器或WPS客户端中直接进入文档,进行实时编辑。

【演示2】 管理表格权限

为了避免其他人员随意修改不属于他们的数据区域,WPS提供了详细的权限管理功能,帮助用户灵活设置每个人的操作权限。

权限设置入口就在"复制链接"按钮的上方,即"链接权限"按钮(如图3-4所示),点击这里,用户可以设置当前链接的访问权限。

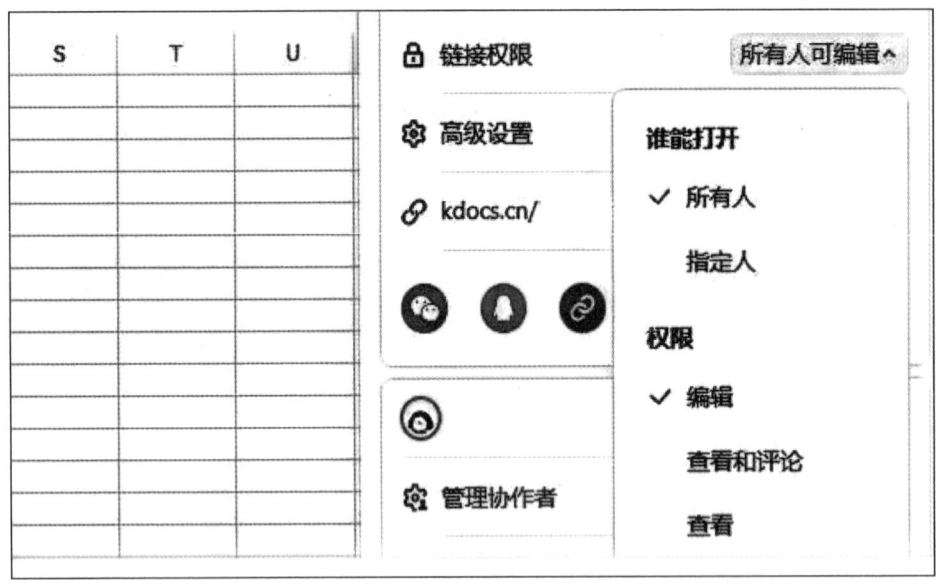

图3-4 WPS表格链接权限设置入口

如果选择"所有人可编辑",这样任何拿到链接的人都能直接修改表格里的内容,适合团队内部频繁合作的场景,比如几个部门要一起填写预算表,每个人都可以实时更新自己的部分。

如果用户不希望所有人都能随意改动表格内容，可以将权限设置为"仅指定人可访问"。这意味着，只有自己手动添加的那些人才能对文档进行修改，其他人即使有链接也只能看。从而防止一些不相关的同事误操作，影响到表格的协作。

当然，还有用户只是想让协作部门核对一下表格数据，不需要进行修改的情况，就可以选择"指定人""查看和评论"。或者给管理层分享表格权限的时候，他们只需要查看整体数据，而不用去动手修改或评论什么，可以选择"指定人""查看"。

通过这些设置，用户可以精细化管理文件的共享范围和操作权限，确保不同部门和用户在协作时既能高效工作，又能保护数据的安全和完整性。

【演示 3】 使用"评论"功能进行协作沟通

WPS 有一个很实用的功能，就是在文档中添加评论。当协作者在表格中发现问题或者需要其他同事解释某项数据时，可以直接在该单元格上点击右键，选择"插入评论"，然后输入问题或者备注（如图 3-5 所示）。WPS 会自动通知相关人员查看并回复评论。

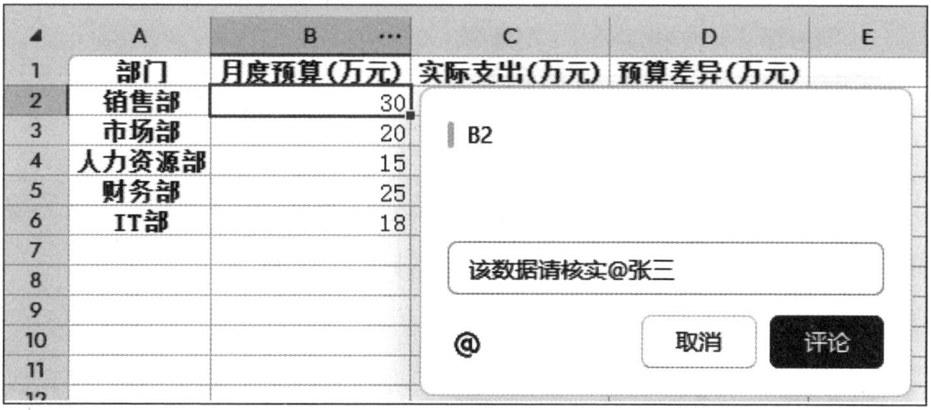

图 3-5 WPS 表格插入评论

【演示4】 隐私保护与数据隔离

在多人协作的场景中，有时候需要对不同部门的数据进行隔离，避免某些部门看到不属于自己的数据，或者确保敏感信息不被无关人员访问。这就是隐私保护与数据隔离的作用。在 WPS 中，用户可以通过单独分享工作表，或者使用 WPS 提供的列隐私保护功能来实现数据隔离。

❶单独分享工作表

单独分享工作表需要先右键点击某个工作表标签，选择"分享工作表"，如图 3-6 所示。

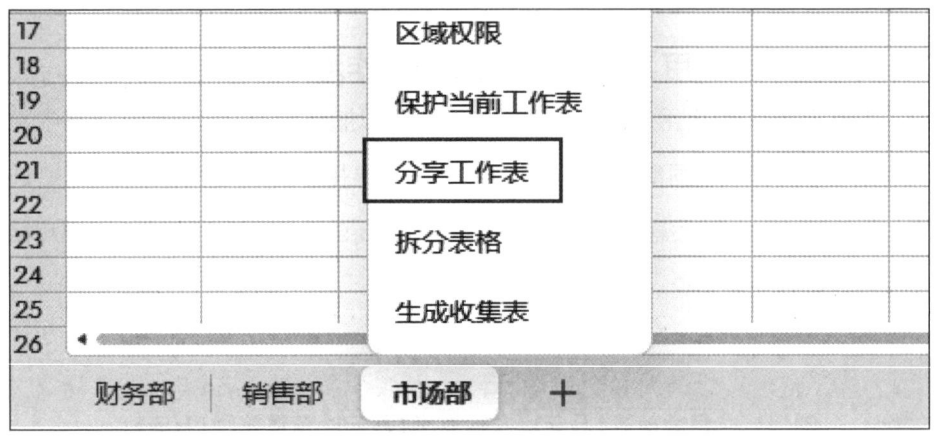

图 3-6 WPS 单独分享工作表

系统会生成一个仅限该工作表的专属分享链接。接收者只能查看和编辑该工作表的数据，而无法访问文档中的其他工作表。

❷开启列隐私保护

如果用户希望在同一个工作表中，只允许某些人编辑特定区域，可以启用"列隐私保护"功能。选中需要保护的单元格区域，右键点击"开启列隐私保护"，然后点击"指定人管理列隐私"（如图 3-7 所示），就可以从人员列表中，指定某些协作者可以编辑该单元格区域。

这种方式适合多部门共同填写同一张表，但不希望相互干扰的场景。

❸高级设置

除了单独分享工作表和列隐私保护功能外，实现表格文档的隐私保护与数据隔离，还有一些更加细化的方式，位置就在图 3-4 中"链接权限"按钮下面的"高级设置"里。

这里提供了"允许协作者查看最近访客""禁止查看者下载、打印、另存和复制内容""禁止申请编辑权限"等选项，如图 3-8 所示。

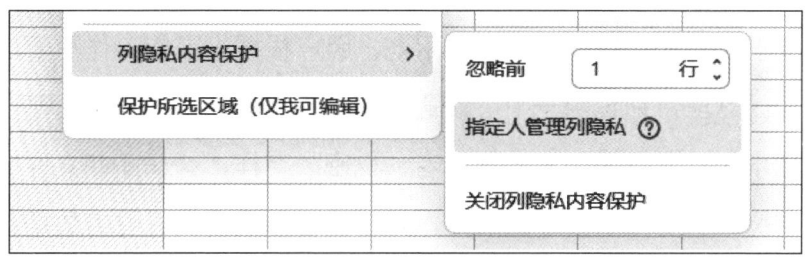

图 3-7 WPS 列隐私保护开启

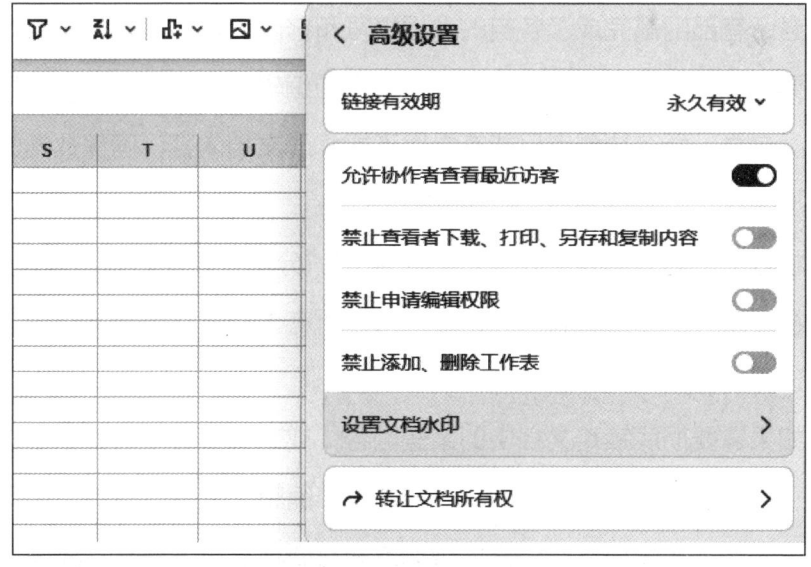

图 3-8 WPS 表格权限高级设置

"允许协作者查看最近访客"这个按钮，打开后，所有有编辑权限的协作者都可以看到最近谁访问过这份文件。该功能特别适合在多人协作时追踪文件的时候使用，协作者可以知道哪些人已经看过文档，哪些人还没有，方便相互通知，及时跟进。

而"禁止查看者下载、打印、另存和复制内容"这个选项，是为了保护文档内容的安全，尤其是涉及敏感数据时启动该功能，只拥有查看权限的人就不能将文档另存为本地文件，打印内容或者复制粘贴，有效防止数据被随意传播或者外泄。

至于其他的功能细节也各有用处，用户根据当前的工作需要进行设置即可。这里特别说明一下"设置文档水印"的功能，开启后可以为文档设置水印，通常是公司名称或者"机密"字样，这样即使文件被截图或者拍照，也能标明文件的出处，对于保密性要求高的财务数据或内部资料尤为重要。

【演示 05】 权限关闭与内容锁定

当所有部门都完成了各自的数据填写和修改后，为了防止后续数据被意外更改或误操作，用户可以关闭所有人的编辑权限，并将文档内容进行锁定。这样，所有协作者只能查看而不能修改文档内容，确保数据的完整性和准确性。

权限关闭需要再次点击文档右上角的"分享"按钮，在"链接权限"中选择"所有人""查看"。这样一来，所有人都只能浏览文档内容，无法再进行任何修改操作。

如果需要彻底锁定文档中的某些内容，或者结束分享协作，可以直接关闭"分享"按钮下的"和他们一起查看/编辑"选项。当然，如果在所有权限关闭后，发现数据仍需要微调或者有新信息需要补充，还是可以重新开启编辑权限的。

3.2 数据在不同平台与文档中的同步更新技巧

数据变更是常有的事,如果无法保证各个设备和文档上的数据同步更新,就可能导致版本不一致、数据滞后等问题。下面以 WPS 为例,简单演示一下如何让数据在不同平台与文档中同步更新。

【演示 1】 在不同设备上同步更新数据

在财务工作中,随着移动办公的普及,我们经常需要在不同的设备上完成同一份工作。可能上午还在办公室的电脑上处理数据,下午出差途中需要在手机上继续跟进,到达目的地后可能还得用笔记本电脑来检查最终结果。如果每次在不同设备上都要下载、修改和上传最新版本,流程不仅烦琐,还很容易出错。其实,在 WPS 中,利用云端同步功能,就可以在多个设备上无缝衔接处理同一份数据,无论是在办公电脑、个人手机,还是笔记本电脑上,所有的数据都能保持实时更新。

具体操作演示如下:

❶ 上传文档到 WPS 云端

在办公室电脑上处理完财务数据后,点击 WPS 的"云文档"按钮,将表格文档上传到云端。这样,无论用哪个设备,只要登录 WPS 账号,都可以访问这份文档。

❷ 在手机上访问

打开 WPS 手机应用,登录相同的账号,就可以在"首页"的"最近"文档中,找到之前上传的文档,打开即可直接查看或编辑,如图 3-9 所示。

图 3-9 WPS 手机客户端文档列表

❸在其他电脑上访问

用其他电脑打开 WPS，点击页面左上角的"WPS Office"（如图 3-10 所示），无须任何手动上传或下载操作，即可访问云端文档，方便财务人员在不同设备上查看文档。

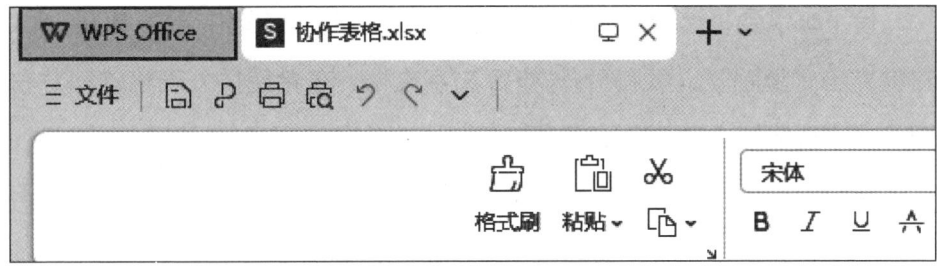

图 3-10 WPS 电脑端云文档查找入口

以上这些多设备间的无缝协作，解决了频繁切换设备时数据版本不同步的问题，无论用户在什么设备上工作，都能确保看到的是最新、最准确的内容。

【演示 2】 在不同文档形式中同步更新数据

在财务工作中，数据不仅要以表格的形式展现，还经常需要转换为其他文档格式，如文字报告或演示文稿，方便汇报给不同管理层。问题在于，原始数据一旦发生变化，往往需要在每个文档中手动更新数据，这不仅费时，还容易出错。WPS 通过文档间的"粘贴链接"和"插入对象"功能，可以实现表格、文字、演示文稿三者之间的自动同步更新，解决这一痛点。

具体操作演示如下：

❶ 表格与文字报告数据同步

假设用户在表格中整理了详细的财务数据，如图 3-11 所示。

项目	本月数据（万元）	上月数据（万元）	变化幅度
销售收入	500	450	11.11%
成本费用	300	280	7.14%
毛利润	200	170	17.65%
运营费用	100	90	11.11%
净利润	100	80	25.00%

图 3-11 需要同步的表格数据

接下来需要将这份数据同步到文字报告中，可以先选中表格中的数据，右键点击"复制"。然后打开 WPS 文字文档，在希望插入表格的地方右键点击"选择性粘贴"。

此时，会弹出"选择性粘贴"窗口，在其中选择"粘贴链接"，作为"WPS 表格 对象"插入，最后点击"确定"，如图 3-12 所示。

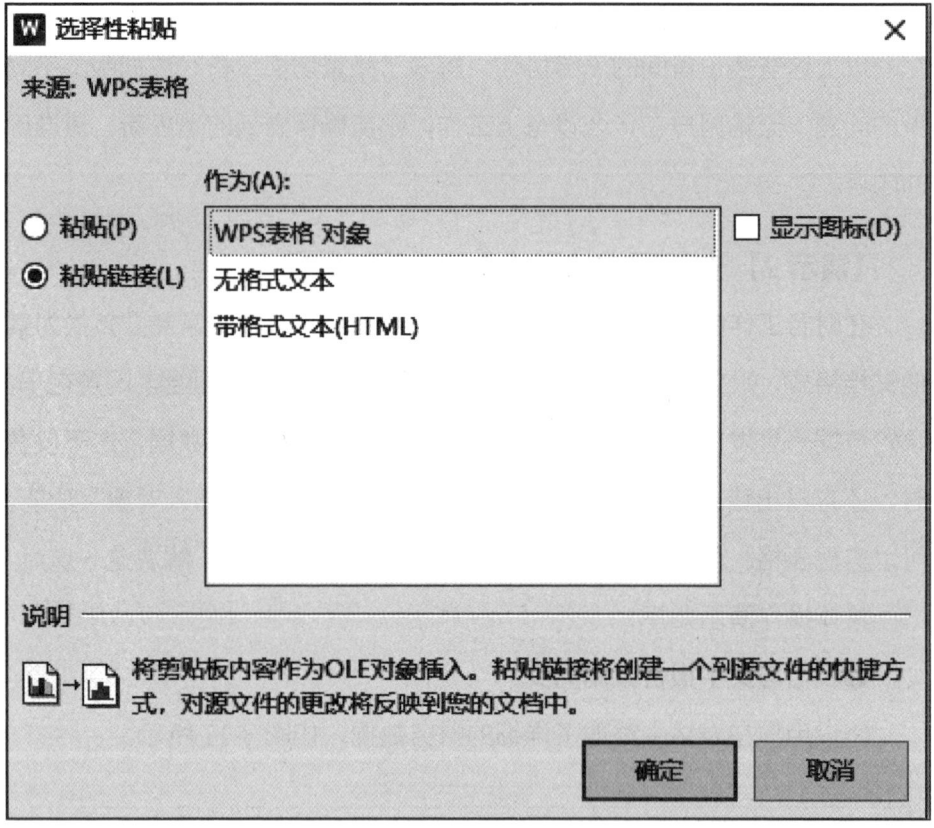

图 3-12 WPS 文字中的选择性粘贴窗口

该操作会将表格数据作为 OLE 对象插入到文档中，创建一个与源文件动态链接的对象。通过这种方式插入的表格具有强大的交互功能，能实现数据的同步更新。

如果用户在原始表格中修改了数据，比如将销售收入的本月数据"500"改为"400"，那么文档中该数据也会同时更新，连带变化幅度的计算数据也会产生相应的变化，如图 3-13 所示。

项目	本月数据（万元）	上月数据（万元）	变化幅度
销售收入	400	450	-11.11%
成本费用	300	280	7.14%
毛利润	200	170	17.65%
运营费用	100	90	11.11%
净利润	100	80	25.00%

图 3-13 WPS 文字中数据同步更新

这种实时同步更新的机制极大提高了工作效率，减少了手动更新不同文档数据的烦琐过程，同时避免了因版本不一致导致的错误。

❷**表格与演示文稿数据同步**

数据的同步更新也可以在表格与演示文稿中实现。不过，这里使用的方式有所不同。

用户首先需要打开 WPS 演示文稿，在希望插入表格的页面，选择"插入"菜单，点击"对象"选项，如图 3-14 所示。

图 3-14 WPS 演示中对象插入入口

在弹出的对话框中选择"由文件创建"，然后点击"浏览"找到保存好的表格文件，点击"确定"，如图 3-15 所示。

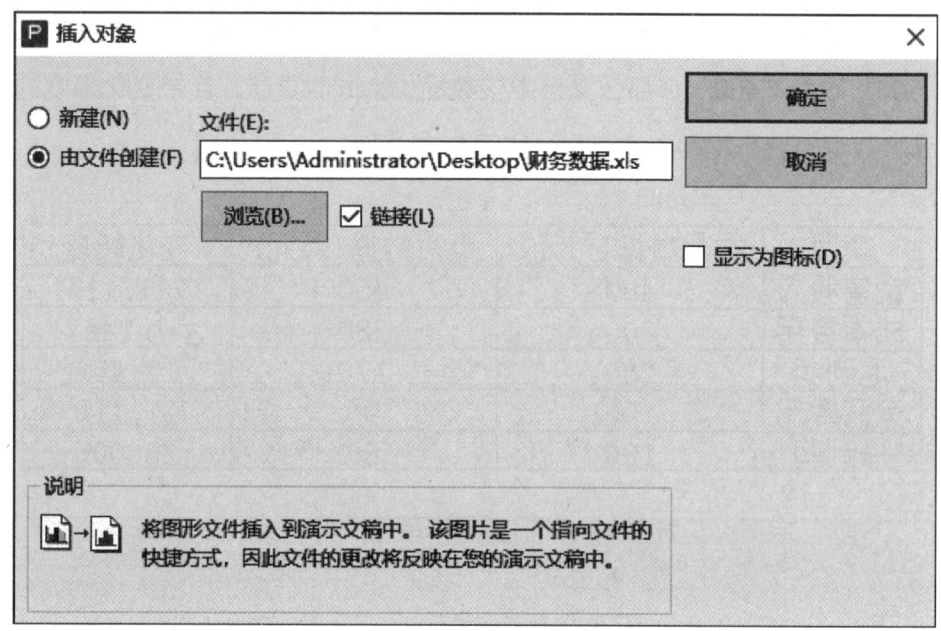

图 3-15 WPS 演示中对象插入窗口

这时，表格会以表格数据为"对象"，嵌入到演示文稿中，如图 3-16 所示。

项目	本月数据（万元）	上月数据（万元）	变化幅度
销售收入	500	450	11.11%
成本费用	300	280	7.14%
毛利润	200	170	17.65%
运营费用	100	90	11.11%
净利润	100	80	25.00%

图 3-16 WPS 演示中插入的数据表格

用户可以双击它进入编辑状态，可以进行截取，去除多余的显示画面。也可以在原始的表格文件中更新数据，结果都会同步反映在演示文稿中的对象里，无须反复复制粘贴更新。

❸调整表格样式

有人担心这样链接好的数据表格是不是无法调整格式，或者调整格式后会不会影响数据同步的效果。

其实，这一点无须担心。无论是在 WPS 的文字文档，还是演示文档中，如果用户希望对表格的外观进行调整，比如修改字体、颜色或边框等，都可以双击文档中的表格对象，进入编辑模式进行设置。因为 WPS 的链接功能和格式修改功能是可以分别独立进行的。

❹断开数据链接

当各种格式的文档已经准备妥当，到了该上报的时候，为了避免在报告提交后数据还会自动更新，影响报告的准确性，此时需要断开数据链接，让数据定格为当前的内容。

以 WPS 文字为例，想要断开数据链接，可以右键点击文字报告中的表格，选择"工作表 对象"，点击"链接"，如图 3-17 所示。

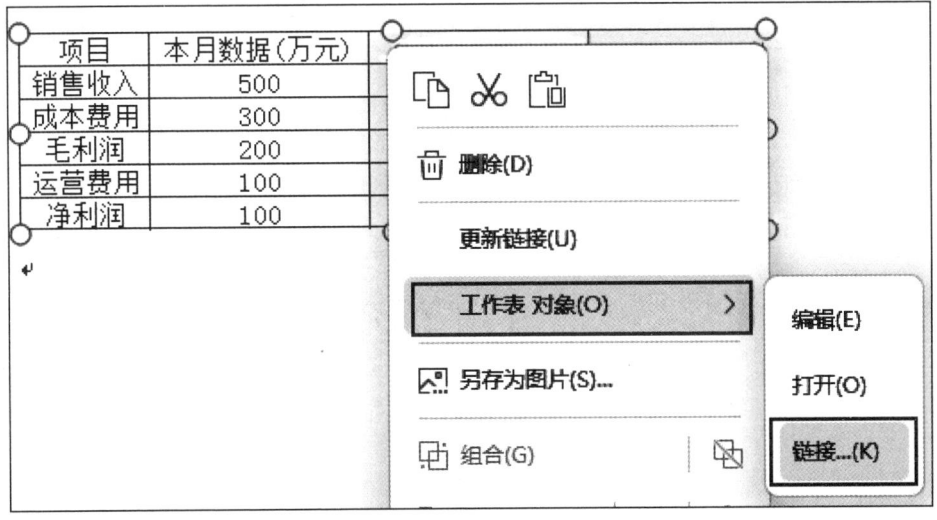

图 3-17 WPS 文字中数据链接断开入口

在弹出的对话框中,点击"锁定",如图 3-18 所示。

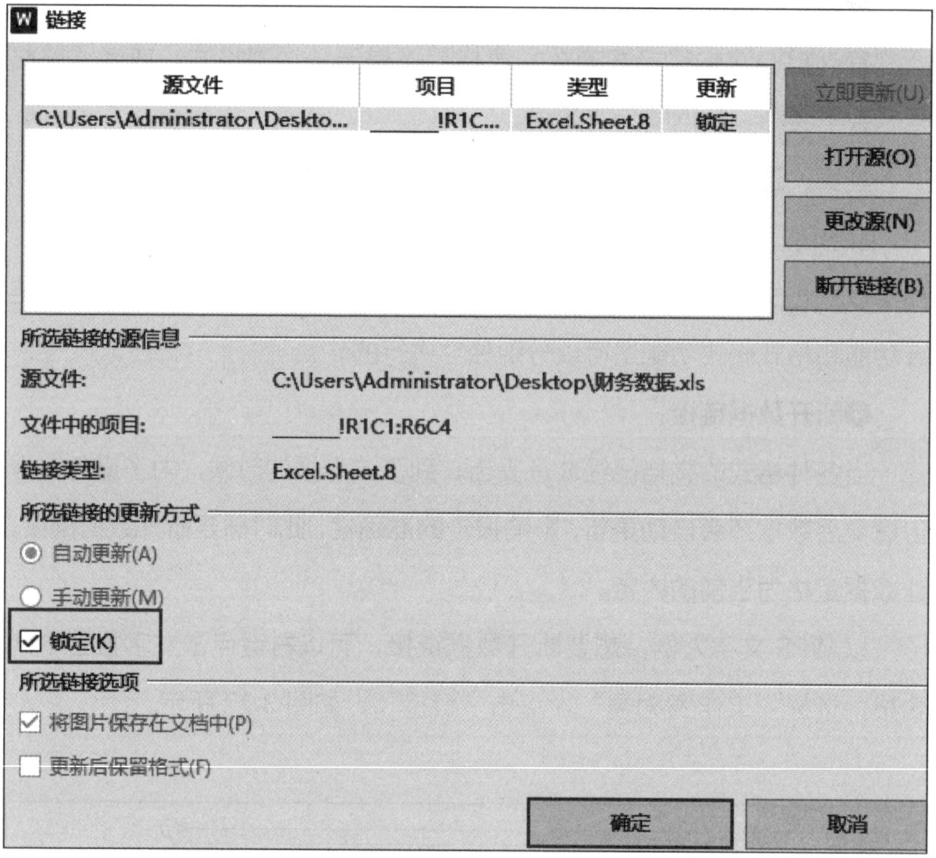

图 3-18 WPS 文字中数据链接断开页面

点击"确定"后,WPS 文字中的表格数据将不再自动更新。

通过以上演示,我们可以轻松解决财务工作中在不同设备和不同文档形式中的数据同步问题,彻底摆脱手动更新的烦琐和错误风险。

3.3 智能翻译在跨语言财务沟通中的妙用

在全球化的财务环境中，跨语言沟通已成为日常工作的一部分。无论是与海外分支机构协作，还是向外资投资者汇报，语言障碍都可能成为重大挑战。财务数据虽然是数字的语言，但其背后的分析、报告、解释需要精确的语言传递。传统的翻译手段不仅费时费力，往往还无法做到财务术语的精准转换，导致信息误解或错误决策。而 AI 的智能翻译技术，正在改变这一局面，为跨语言财务沟通提供了高效且精准的解决方案。

以下以通义为例，展示智能翻译在跨语言财务沟通中的妙用。

【演示 1】 自动翻译财务报表

财务报表通常包含大量的专业术语，比如资产负债表、利润表和现金流量表等。以通义为代表的 AI 工具，通过自动化智能翻译，可以快速准确地将中文财务报表翻译为其他语言，如英文、法文或德文。

具体操作也非常简单，首先打开通义的首页，选择"对话"，在对话输入框中上传需要翻译的财务报表。上传入口在对话输入框的左侧，点击选择"上传文档"，如图 3-19 所示。

图 3-19 通义对话输入框

可以看到，通义支持上传多种格式的文档。假设财务报表是 Excel 格式的，我们上传一份利润表，上传成功后明确提出要求。比如"请把这份利润表翻译成英文"，如图 3-20 所示。

图 3-20 在通义对话输入框中输入要求示例

通义会迅速分析该请求，并给出翻译结果，如图 3-21 所示。

图 3-21 通义翻译财务报表内容示例（英语）

如果财务报表内容较多，也可以分段落依次输入，让通义逐段进行翻译，以确保翻译的准确性和完整性。最后，用户可以对翻译结果进行检查和修正，若有个别专业术语翻译不准确，可以向通义进一步解释该术语的含义，以便获得更符合要求的翻译。

若是需要将财务报表翻译成法文或德文等其他语言，只需在输入需求时明确指定目标语言，如"请将这份财务报表翻译成法文"。通义也会根据指令，快速生成相应语言的翻译版本。

【演示 2】 多语言财务分析报告的撰写

除了财务报表外，财务分析报告往往需要结合大量的背景信息和专业分析。在跨语言沟通中，撰写一份清晰、准确的财务分析报告可能会非常棘手，特别是涉及复杂的财务概念和细节时，人工翻译的时间成本和错误率都不容忽视。而通义可以根据用户输入的中文分析，快速生成其他语言的财务分析报告。

在操作方面也很方便，用户只需要在通义中输入一段中文的财务分析内容，比如："本季度公司利润增长了15%，主要原因是运营成本下降和新产品的成功上市。"然后要求通义用专业的财务术语，将这段话翻译成法语，如图 3-22 所示。

图 3-22 通义翻译财务报告内容示例（法语）

在翻译的时候，通义会根据上下文，确保专业术语的准确性，例如"利润增长"翻译为"Le bénéfice de l'entreprise a augmenté"，"运营成本"翻译为"coûts d'exploitation"，避免出现生硬的翻译错误，确保报告在语言上显得自然流畅，而不是简单的词对词翻译。

当然，这种翻译功能远不止应用于财务报表和财务分析报告的翻译上。

例如，对于一些跨国企业来说，财务培训和教育通常也需要针对不同语言的员工进行，而每个国家的财务人员可能对术语和概念的理解有所不同。所以，通义能够帮助财务讲师将复杂的财务知识以多语言的方式传达给不同背景的员工，确保培训内容的一致性和准确性。具体的操作参考之前的演示即可。

另外，跨国公司经常需要接受国际审计机构的审计，这通常涉及大量的财务报告、审计沟通和文件交换。而不同国家的审计机构可能会要求使用不同的语言进行沟通和文件提交。如果企业手动翻译这些文件，不仅耗时费力，而且容易因语境不同造成误解。通过通义，财务人员可以轻松完成与审计机构的跨语言沟通，确保财务报告和审计沟通中的准确性。

3.4 创建 AI 财务问答智能体，减少重复解释

在日常财务工作中，重复回答同样的问题无疑是最耗费精力的事之一。无论是面对其他部门的咨询，还是处理日常事务，财务人员经常被各种基础性的问题打断。比如"这个单子要找谁签字？""财务报销凭证怎么填写？""发票怎么开？"等。这些问题看似简单，却频繁占用财务人员大量的时间和精力，而且频繁地重复解释还容易造成信息传递不一致。于是，不少财务人员盼望着有个专门的 AI 财务问答助手来协助工作。随着 AI 技术的成熟，特别是 AI 工具的出现，这种企盼已经可以成为现实。

接下来用通义来演示，如何打造 AI 财务问答助手，减少重复解释。

【演示 1】 预设智能体解答财务基础问题

智能体这个概念很多人还不太了解是什么意思。其实，智能体，简单来说，就是一种能够自主处理问题、执行任务的 AI 系统。其核心在于它的感知、决策和执行能力，通过预设的规则或从大量数据中学习，智能体能够在用户提出问题时，自动分析并给出准确的答案，甚至可以根据用户的指令自动执行任务。

很多 AI 工具上已经有预设的智能体，这些智能体是为了应对常见场景和任务而设计的，通常涵盖了多个领域。这些预设智能体具备一定的通用性，能够处理大多数基础问题，减少企业在日常操作中的重复劳动。比如通义提供的多种智能体服务旨在满足不同场景下的需求，如图 3-23 所示。

这些智能体里，有通用对话型智能体，能够与用户就广泛的话题进行自然流畅的对话，适合日常聊天、信息咨询等场景，也有专业领域智能体，针对特定行业或领域，如医疗健康、法律咨询、教育辅导等设计的智能体，拥有更深入的专业知识和技能，能够提供更加精准的服务。除了这两大类外，任务导向型智能体也很常见，专注于帮助用户完成特定任务，比如设置提醒、安排日程、在线购物指导等，提高生活工作效率。

财务工作中，有大量重复性问题，往往来自不同部门或者团队成员。对于一些预算、支出、收入、报表的基本信息，或者常规操作流程上的疑问，用户可以利用通义上预设好的财务类智能体，提供及时且精准的回复。

操作的时候，可以在智能体页面上方的搜索框中输入"财务"，来查找财务类的智能体。这里搜索到 30 个与财务相关的智能体，如图 3-24 所示。

图 3-23 通义智能体

第 3 章 智能协作：AI 提升沟通效率的应用技巧

图 3-24 通义与财务相关的智能体搜索结果

然后根据介绍，可以随机选择一个，比如"财务助手"，点击进入对话页面。

以员工报销这一场景为例，某员工需要了解如何开具发票，此时只需简单向该智能体提问："员工想要报销，怎么开发票？"，财务助手会迅速返回答复，如图 3-25 所示。

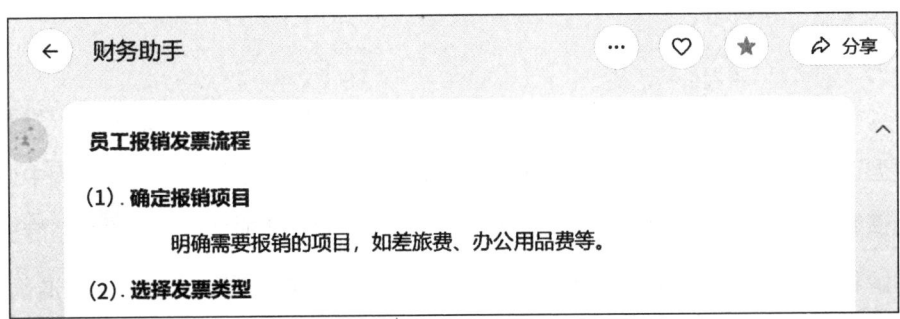

47

> **增值税普通发票**：适用于大多数报销项目。
>
> **增值税专用发票**：适用于需要进项税抵扣的项目。
>
> **电子发票**：与纸质发票具有同等效力，更便捷。
>
> (3). **收集必要信息**
>
> 发票抬头：公司全称。
>
> 纳税人识别号：公司税号。
>
> 地址和电话（仅限专用发票）。
>
> 开户银行及账号（仅限专用发票）。
>
> (4). **获取发票**
>
> **线上获取**：
>
> 电商平台：在京东、淘宝等平台支付时选择"开具电子发票"，填写公司信息。
>
> 服务提供商：在滴滴出行、携程旅行等平台支付时选择"开具电子发票"。
>
> **线下获取**：
>
> 商家处：携带消费凭证到商家，提供公司信息，请求开具发票。
>
> 税务局：携带相关证件到税务局窗口，填写申请表，开具发票。
>
> (5). **保存发票**
>
> **电子发票**：保存电子邮件中的发票PDF文件或截图。
>
> **纸质发票**：妥善保管纸质发票，避免损坏或丢失。
>
> (6). **提交报销申请**
>
> 员工将发票和其他必要的报销凭证（如费用明细、审批单等）一并提交给财务部门。
>
> 财务部门审核发票的真实性和合规性，确认无误后进行报销。

图 3-25 财务助手智能体回答报销发票开具流程

　　该回答涵盖了发票开具的各个步骤，尤其是在报账时的关键信息收集、发票类型选择、发票信息的收集等方面都做了详细的解释，帮助员工在操作过程中避免遗漏关键细节。针对发票操作规范，如增值税专用发票的使用，也进行了专业的解释，体现了财务合规的重要性。整体回答思路清晰、逻辑连贯，信息准确，适用于大部分公司的发票处理场景。

这种预设智能体极大减少了财务人员重复回答的工作量，员工能够在任何时间、任何地方，直接通过智能体获得即时、准确的答复，提升了信息查询的效率，保证了信息的一致性。这也意味着，常见问题不再需要财务人员逐一手动解答，信息传递更加顺畅。

如果感觉该智能体比较实用，后续也可以通过聊天记录的标签持续访问，也可以点击财务助手页面上方的收藏按钮，将该智能体收藏起来，方便查找。

【演示 2】 创建公司专属的财务报销助手智能体

尽管预设智能体在基础问题上已经能够满足许多企业的需求，但很多公司仍然需要根据自己的业务特点和内部流程进行进一步的定制。原因在于，每个企业的政策、流程、用语和运营模式各不相同，智能体需要被"定制化"以准确适应企业的特定场景。

例如，某公司的报销流程可能比一般的流程更复杂，或者涉及更多的审批层级。所以，为了进一步减少财务人员的重复解释工作，企业可以通过通义创建一个公司专属的财务问答智能体，定制相关问答内容，全面涵盖公司内部特定的报销流程。让它准确引导员工完成公司的内部流程。包括如何使用企业内部系统提交发票申请、审核周期的时长、需要哪些额外的单据，以及公司对发票金额的要求等，确保每位员工严格按照企业内部的财务合规要求操作，减少出错的可能性。

下面以通义为例，演示创建公司专属财务报销助手智能体的具体步骤：

❶找到通义智能体创建入口

进入通义的首页（网址 https://tongyi.aliyun.com/qianwen/）或客户端，注册账户并登录。在主页侧边栏有一个"智能体"选项，如图 3-26 所示。

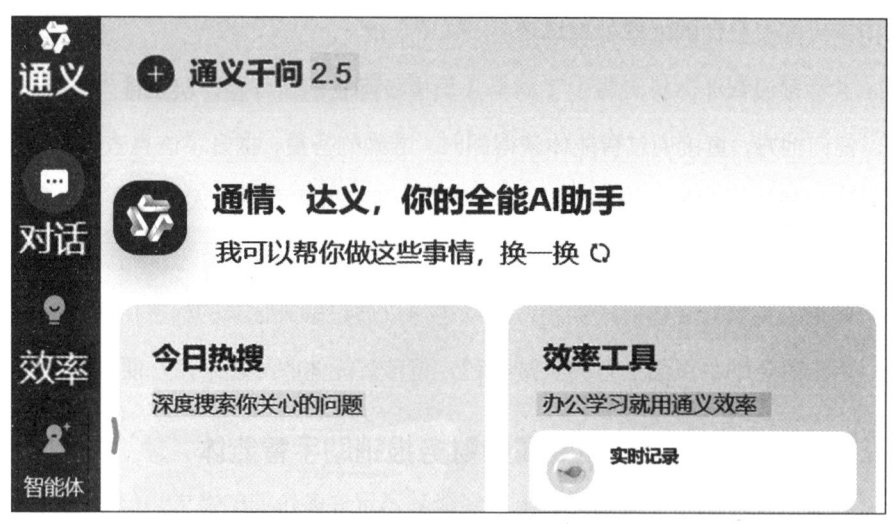

图 3-26 通义主页侧边栏

点击"智能体"后,会出现一个标签栏,里面有"发现智能体"和"我的智能体"两个选项。目前该账号里还有任何自己创建的智能体,所以打开"我的智能体"会是一片空白。

因此,用户要先点击进入"发现智能体"页面。该页面里展示了很多预设的智能体,也就是图 3-23 的页面中展示的那些。不过在这些智能体页面上方,会有一个"创建我的智能体"按钮(如图 3-27 所示),点击即可进入智能体创建页面。

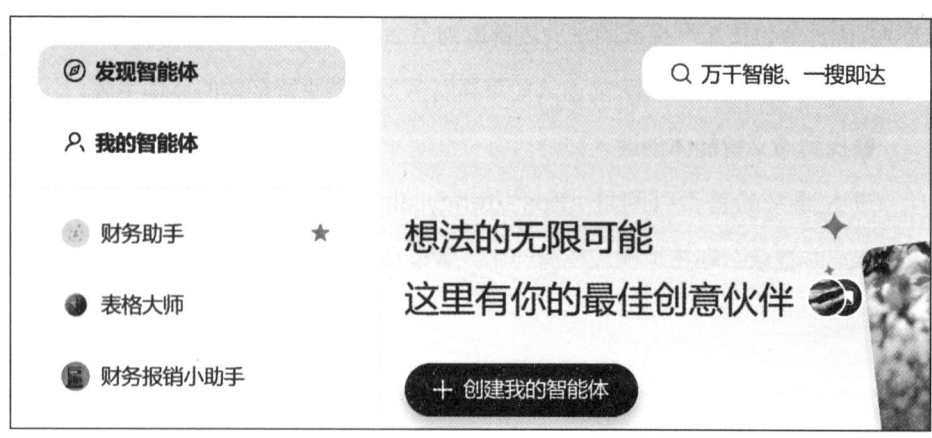

图 3-27 通义智能体创建入口

第 3 章 智能协作：AI 提升沟通效率的应用技巧

❷专属财务报销助手智能体相关设置

在智能体创建页面的右上角，有一个"自由创建"的入口，点击来到自由创建页面。该页面有很多需要进行设置的内容，用于配置和定制专属财务报销助手智能体，包括智能体的头像、名称、设定、权限，以及高级设置，如图 3-28 所示。

图 3-28 通义智能体创建页面设置

为了创建一个专属财务报销助手智能体，来帮助回答员工在报销方面的问题，以下是每个设置部分的详细解读与设置建议：

头像

头像是智能体的视觉标识，后续在使用该智能体的时候，头像会出现在用户与智能体互动的界面中。头像虽然不会影响智能体的功能，但它能让智能体看起来更具个性化和识别度。

在页面的顶部已经有一个默认的头像图标，点击这个图标可以上传一个自定义头像。为了便于识别，可以选择与财务报销助手功能相关的图片。比如一个账本、计算器、公司 logo，或者一个"报"字，让员工一看到头像就知道这是财务报销助手智能体。

如果没有事先准备好的图片，也可以直接让通义生成一个头像，只需要点击头像，就会出现"AI 头像生成"，如图 3-29 所示。

图 3-29 通义智能体头像设置页面

点击"AI 生成头像"，会要求输入头像描述，这里可以输入画面要求，比如"一个计算器，卡通风格"，或者"一张发票单，卡通风格"。输入完毕，页面下方会出现"生成头像"，如图 3-30 所示。

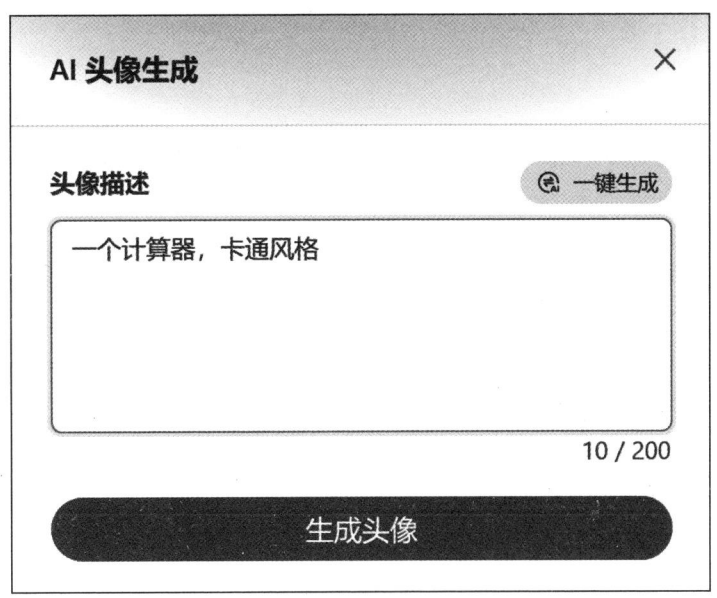

图 3-30 通义智能体 AI 头像生成页面

点击"生成头像",通义会按照描述一次生成四张头像,用户从中选择一张点击"确定"即可,如果生成的头像都不满意,也可以点击"换一批",或者重新输入描述,再次生成。

名称

智能体的名字应该简洁、直观,能够反映其功能,让员工一眼就能明白这是用来解决报销相关问题的智能体。比如可以取名为"财务报销小助手"或"智能报销助手"等,输入到对应的框里即可。

设定

这一部分是智能体的角色描述,决定了智能体如何回答问题。用户可以在设定中明确描述智能体的工作范围、能力以及它能为用户解决哪些问题。

比如,智能体是财务报销助手,就可以描述为"你是一位经验丰富的财务报销助手,专门负责解答员工在报销申请、发票处理、费用报销制度等方面的疑问。你能够根据公司财务制度提供准确的报销流程指导,帮助员工解决相关问题。"

通义会根据这个描述，理解智能体的职责，并提供相应的回答。

▶权限

权限设置部分用于控制谁可以访问和使用创建的智能体。根据不同的使用需求，用户有三种不同的选择，如图3-31所示。

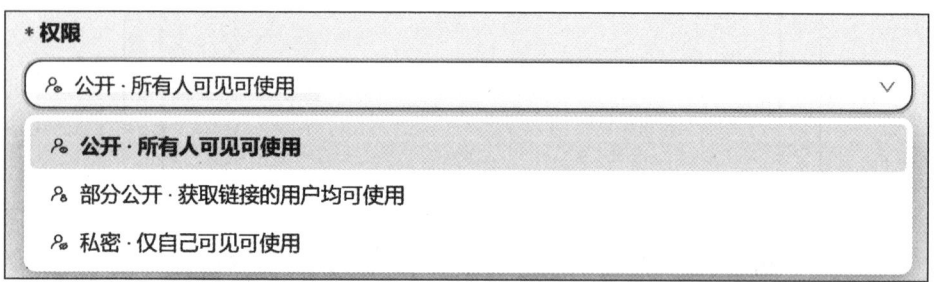

图3-31 通义智能体权限设置

如果选择"公开·所有人可见可使用"，则意味着无论是公司内外的人，都可以找到并使用该智能体。适合那些希望广泛应用或公开分享的智能体，比如面向公众提供的常见问题解答、用户支持的场景。

如果选择"部分公开·获取链接的用户均可使用"，则意味着该智能体不会向所有用户公开，但只要用户拥有智能体的链接，就可以访问并使用。适用于那些想在特定群体中分享智能体，但不希望完全公开的场景。公司的财务制度中若有不方便公开的信息，可以选择该权限。

如果选择"私密·仅自己可见可使用"，则智能体只对创建者个人可见和使用。其他任何人都无法访问这个智能体，甚至是通过链接。该权限适合那些还在测试阶段或者用于个人用途的智能体。在开发一个智能体时，创建者可能需要先进行调试和测试，因此选择私密权限，避免其他人误用或提前访问。

▶高级设置

高级设置这里是折叠的，点击打开可以发现又有很多细化的设置，该部分允许用户进一步定制智能体的行为和表现，帮助智能体更加个性化。

其中包括智能体简介、开场白、提问灵感、技能和知识，如图3-32所示。

图 3-32 通义智能体高级设置

智能体简介部分用来描述智能体的功能，可以简单介绍智能体能够提供的服务，这些内容最后都会呈现在智能体的头像旁边。例如："我是财务报销助手，可以帮助您解答关于报销、发票、费用报销等问题。"

开场白是与使用者互动时的开场语，建议设置为一种友好且直接的表达，能够迅速让用户了解这个智能体的主要功能。例如："您好！我是您的财务报销助手，随时为您提供报销流程、发票填写、费用报销政策等问题的解答，您可以直接提问。"

提问灵感部分是用来帮助用户快速理解智能体的能力，引导他们提问。这里可以添加一些常见的员工问题，让用户一看就知道可以问什么问题。比如："如何填写报销单？""发票开具的要求是什么？""差旅费的住宿标准是怎样的？"

技能设置可以选择与财务报销问题相关的技能。如果报销流程需要流程图，可以选择"文生图"，这样智能体就可以生成相关的图表帮助解释；如果用户希望智能体回答的内容完全来自公司规定，而不是网上的内容，可以去掉"网页搜索"这一项。如果需要智能体帮助用户自动生成报销表格，或进行简单的费用计算，可以选择代码执行技能。

最后是智能体设置的重头戏，也就是"知识"部分。这是智能体回答问题的核心部分。想要让智能体的回答遵循公司的财务报销规则，切实解决员工问题，需要上传一份详细的财务报销制度、报销流程指南等相关文档。格式可以是 PDF，文件大小不超过 10MB。上传后，智能体会根据这些文档进行学习，当员工提问时，它会直接从这些资料中提供准确的回答。

比如，下面是一份详细的《差旅费报销标准》：

差旅费报销标准

(1). 报销适用范围

本标准适用于员工因公务出差所产生的各类费用，包括交通费、住宿费、餐饮补助、通信补助等。

出差人员必须按照公司规定的流程事先填写出差申请单并获批准，方可进行差旅费用报销。

(2).交通费报销

适用范围：包括机票、火车票、高铁票、长途汽车票、出租车费等。

报销标准：

飞机票：经济舱票价，全价票或折扣票，机票订单及登机牌为报销凭证。

火车/高铁票：二等座或以下票价，车票需作为报销凭证。

出租车费：出差期间上下班或商务活动的必要出行费用，需附上出行详细地点和原因的说明，报销票据为出租车发票。

市内交通补助：若出差期间没有使用公司交通工具或公共交通工具，差旅费报销标准

(1).报销适用范围

本标准适用于员工因公务出差所产生的各类费用，包括交通费、住宿费、餐饮补助、通信补助等。

出差人员必须按照公司规定的流程事先填写出差申请单并获批准，方可进行差旅费用报销。

(2).交通费报销

适用范围：包括机票、火车票、高铁票、长途汽车票、出租车费等。

报销标准：

飞机票：经济舱票价，全价票或折扣票，机票订单及登机牌为报销凭证。

火车/高铁票：二等座或以下票价，车票需作为报销凭证。

出租车费：出差期间上下班或商务活动的必要出行费用，需附上出行详细地点和原因的说明，报销票据为出租车发票。

市内交通补助：若出差期间没有使用公司交通工具或公共交通工具，则可根据市内交通补助标准（每日 50 元）申请补助。

报销要求：

必须提供相应票据（机票、火车票、出租车票）作为报销凭证。

如通过线上预订票务，需同时提交电子发票和订单确认信息。

如果选择自驾，需提供详细的里程记录和燃油发票。

(3). 住宿费报销

适用范围：公司将根据员工职级及目的地城市的不同标准，报销合理的住宿费用。

报销标准：

职级 1~3（基层员工）：普通酒店，标准间，费用不超过 400 元/晚。

职级 4~6（中层管理人员）：中档酒店，费用不超过 600 元/晚。

职级 7 及以上（高层管理人员）：高级酒店，费用不超过 1000 元/晚。

特殊情况：如会议或活动指定酒店价格超出标准，需事先申请特殊审批。

报销要求：

提 0 供住宿发票、酒店预订单和入住证明。

住宿期间如有额外费用（如早餐、洗衣等），须事先说明报销范围并提供相应票据。

（4）.餐饮补助

适用范围：适用于出差期间的餐饮补助，标准根据出差天数计算。

报销标准：

一线城市（如北京、上海）：每日餐饮补助为 150 元 / 天。

二线城市（如杭州、武汉）：每日餐饮补助为 120 元 / 天。

其他城市及乡镇：每日餐饮补助为 100 元 / 天。

报销要求：

餐饮补助无须提供发票，按日固定金额报销。

出差不足一天者，餐补按实际天数的比例计算。

（5）.报销流程

员工在出差结束后 5 个工作日内通过公司财务系统提交报销申请。

需提交出差申请单及批准记录；交通票据（机票、火车票、出租车票等）；住宿发票及相关证明；其他票据及费用凭证。

财务部审核报销单据，核对无误后，进行费用报销。

我们使用 WPS 将其生成 PDF 格式的文件，并上传给通义智能体创建的"知识"区域，最后点击页面右上角的"创建"按钮，完成财务报销助手智能体的创建。

❸ **财务报销助手智能体链接分享**

打开"我的智能体"，此时，财务报销小助手已经出现在页面上，如图 3-33 所示。

图 3-33 通义"我的智能体"页面

点击进入对话页面,可以看到,所有的展示信息都是我们刚才设置好的内容。如果需要分享智能体链接给其他人,只需要点击页面右上角的"分享"按钮,再点击"复制链接"(如图 3-34 所示),就能将链接分享给其他人。

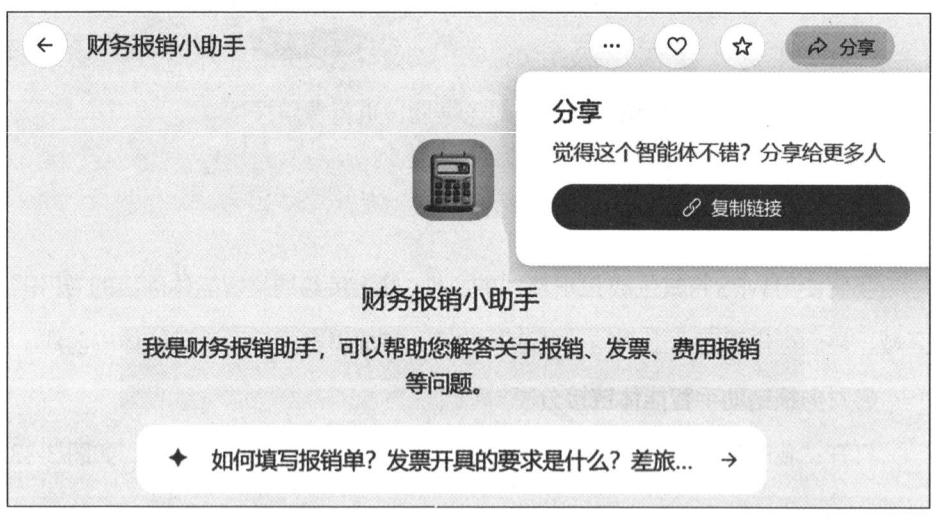

图 3-34 通义智能体分享

❹财务报销助手智能体应用效果展示

现在来展示一下该智能体是否真的能准确回答关于差旅费报销的问题,如图 3-35 所示。

> 我的职级是5,请问住宿费报销的费用标准是一晚多少钱

您的职级是5,属于中层管理人员,因此住宿费报销的标准是每晚不超过600元。您需要选择符合标准的中档酒店,并且在报销时提供住宿发票、酒店预订单和入住证明。如果有额外费用(例如早餐、洗衣等),请事先说明报销范围并提供相应的票据。

图 3-35 财务报销小助手回答问题示例一

可以清楚地看到,财务报销小助手的回答与《差旅费报销标准》的规定完全一致,并附带提醒了在报销住宿费时需要提供的材料。

下面再尝试问一个更加复杂的问题,如图 3-36 所示。

> 我2024年10月15日结束出差,2024年10月25日提交差旅费报销申请,为什么不给我通过?

根据公司的差旅费报销规定,员工在出差结束后5个工作日内需要通过公司财务系统提交报销申请。您于2024年10月15日结束出差,应在10月16日至10月22日期间(扣除周末或公共假期)提交报销申请。而您在10月25日才提交,已经超过了规定的5个工作日,因此报销申请未被通过。

建议您今后严格按照公司规定的时间提交报销申请,以确保顺利报销。如果您有特殊情况导致延迟提交,可以向财务部门说明情况并提供相关证明,看是否可以获得特批。

图 3-36 财务报销小助手回答问题示例二

可以看到，财务报销小助手清楚地指出了差旅费报销申请不通过的原因，并准确地计算了该名员工差旅费报销申请的提交时间段。哪怕不是直接的问题，同样可以给到解答与回复。这下关于差旅费报销的问题，终于不用财务人员一个一个去解答了。

❺智能体的持续维护和更新

为了确保财务报销小助手跟上公司财务制度的更新脚步，当相关报销规则发生变化时，可以点击智能体右上角的"…"图标，会出现"修改配置"入口，如图 3-37 所示。

图 3-37 财务报销小助手智能体配置修改入口

点击"修改配置"即可回到之前的配置设置页面，重新上传最新的财务文件，即可完成智能体的知识库的更新，记得最后点击"保存"。

在实际应用过程中，员工的提问和反馈也会帮助智能体变得更聪明。通义会记录每次互动，并根据员工的反馈进行调整。如果发现某些问题回答得不够准确，管理员可以手动优化答案，确保下一次的回答更加精确。

3.5 AI 会议助手自动完成会议记录

在日常的财务工作中,参加会议是必不可少的部分,比如项目进展汇报、预算讨论或年度总结会议,其中涉及很多数据、指标和复杂的术语。每次会议结束后,准确地记录和整理会议的核心内容、决策要点和后续行动计划,往往成为一个令人头疼的问题,特别是在长时间会议或多人发言时,关键信息很容易被遗漏。不过,AI 会议助手已经诞生,可以自动生成会议纪要,帮助财务人员快速整理会议内容,提升工作效率。

下面以通义为例,来演示 AI 工具如何协助会议记录。

【演示 1】 会议实时记录

AI 会议助手的一大亮点就是能够在会议过程中实时捕捉发言内容,并自动提取出会议中的核心要点。这对于财务会议尤其有用,方便在讨论预算、利润等关键问题时,实时记录并提炼要点,确保每个决策都被精准记录下来。

不过,现代会议场景对会议记录的效率和便捷性提出了更高的要求,用电脑来完成会议记录显得不够灵活。相比之下,手机不受地点和设备的限制,且方便携带。会议结束后,还能随时随地将记录内容分享给参会人员或相关部门。因此,为了更契合会议场景,下面以通义的手机客户端页面来进行演示。如果没有下载手机客户端,使用微信小程序同样可以完成以下操作。

❶**登录通义手机客户端**

下载并安装通义手机客户端后,进行注册并登录,就能来到主页面,如图 3-38 所示。

图 3-38 通义手机客户端主页面

❷开启录音

点击图 3-38 页面下端中间的"记录"按钮,就会来到"实时记录"的页面(如图 3-39 所示),这里提供了转写录音、总结纪要和绘制脑图功能,适用于会议记录、课堂笔记、演讲记录等场景。

第 3 章 智能协作：AI 提升沟通效率的应用技巧

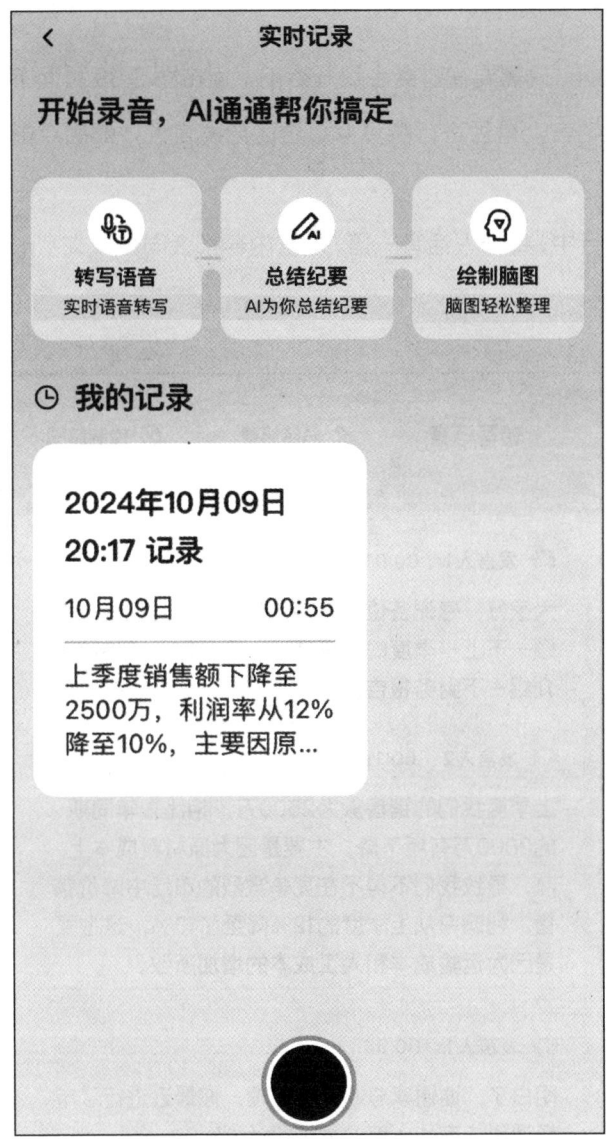

图 3-39 通义实时记录开启页面

转写语音这个功能可以将会议的语音内容实时转换为文本，适用于需要详细记录每位发言者的场景。除了转写功能，会议的原始音频也可以被完整保存，确保在有需要时，随时可以重新播放会议录音。这个功能对复杂、数据密集型的会议尤为重要，特别是当有疑问或需回顾发言时，录音记录能够提供更完整

65

的信息源。

使用该功能，只需要在财务会议开始前，点击图 3-39 页面下方的圆圈按钮，即可选择录音语言，是否进行翻译，是否区分发言人，最后点击"开始录音"，正式开启录音过程。

在会议进行中，每个人话音一落，发言内容都会同步以文字形式被记录下来，如图 3-40 所示。

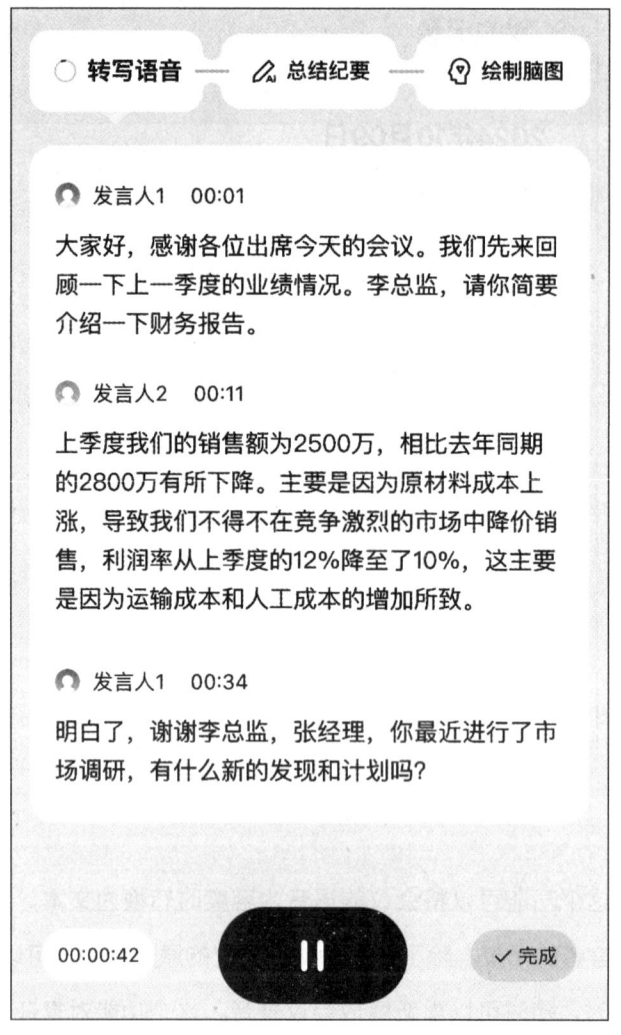

图 3-40 通义会议录音实时转写页面

❸结束录音

当会议结束,只需要点击页面右下角的"√完成"按钮,即可结束会议录音。通义会自动跳转至已经转写好的会议内容界面。

【演示 2】 总结会议纪要

会议结束后,通义可以根据会议的内容,自动生成一份结构化的会议纪要,分清晰的章节,或者分发言人来呈现讨论的不同方面,如图 3-41 所示。纪要内容可以随时复制下来发送给不同的人。

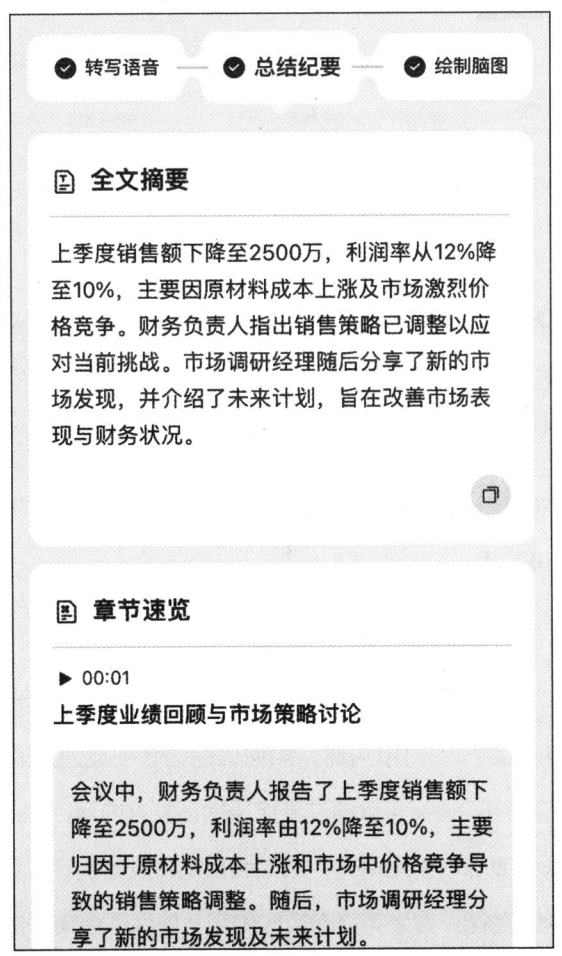

图 3-41 通义总结会议纪要

【演示 3】 绘制内容脑图

除了总结纪要,通义还会同时将会议的要点以脑图的形式呈现,帮助参会者快速浏览会议中涉及的关键主题和决策路径(如图 3-42 所示)。这种视觉化的结果尤其适合财务会议,能够清晰展示数据流向、预算调整等复杂信息。

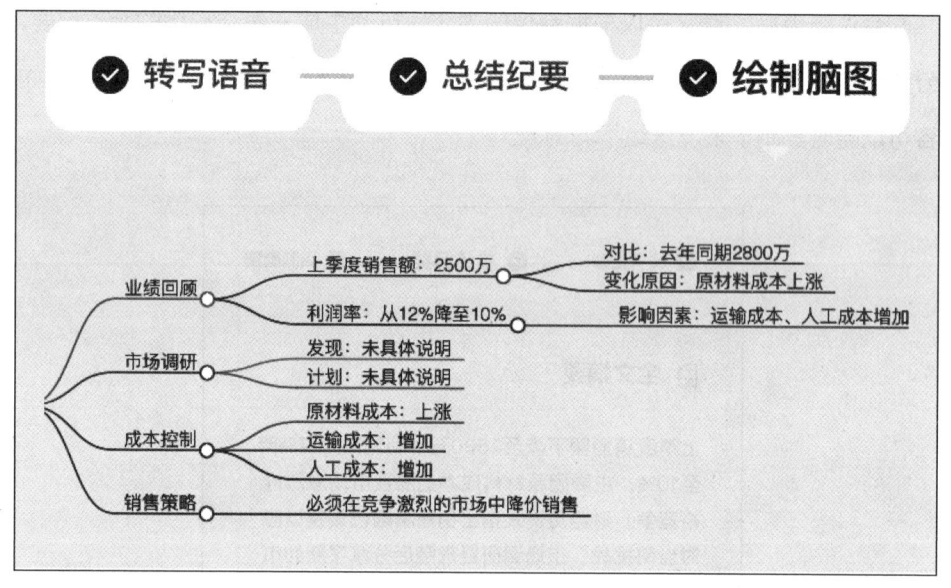

图 3-42 通义绘制的会议内容脑图

后续如果再想回顾会议内容,只需要点开记录,新的会议记录就会出现在图 3-39 的"我的记录"里。

【演示 4】 跨语言财务会议翻译

在全球化的公司中,财务会议经常涉及多语言的参与者。无论是全球财务审计会议,还是与外资客户的对接沟通,如何确保语言不成为沟通障碍至关重要。

在财务会议过程中,通义可以通过麦克风捕捉发言内容,并自动识别语言。比如,中国区财务总监发言时使用中文,通义会自动将发言翻译成英文。与会的外籍人员则可以通过翻译功能,看到英文的实时内容,确保不会错过任何关键信息。

该功能只需要在开启录音前打开"翻译"功能即可,如图 3-43 所示。

图 3-43 通义会议录音翻译设置

此外,通义还支持将会后生成的会议纪要自动翻译成英文,便于所有参会者下载和分享,具体操作需要点击图 3-41 页面右上角的"开启翻译"按钮。翻译效果如图 3-44 所示。

图 3-44 通义翻译会议纪要

【演示 5】 视频记录并提取 PPT

除了录音转写，通义还提供了视频内容的记录与 PPT 提取功能。这一功能对于财务汇报会议、培训课程或项目展示特别有用，尤其当会议中包含大量视觉信息时，通义可以自动处理视频中的内容，不仅记录发言，还能从视频中提取出 PPT 内容，并将其与发言内容进行同步对齐。

操作时我们需要打开图 3-38 页面下方的"拍摄"按钮，选择从"相册"中提取会议录像视频，或者直接开启拍摄。无论哪种方式都需要将会议视频上传给通义，然后通义会对视频进行解析。

这里我们上传一段关于财务制度培训会的视频，视频中有 PPT 展示，也有讲解的声音，上传完成后，通义的解析过程可能要持续一段时间，等解析成功会出现以下页面，如图 3-45 所示。

图 3-45 通义解析会议视频完成页面

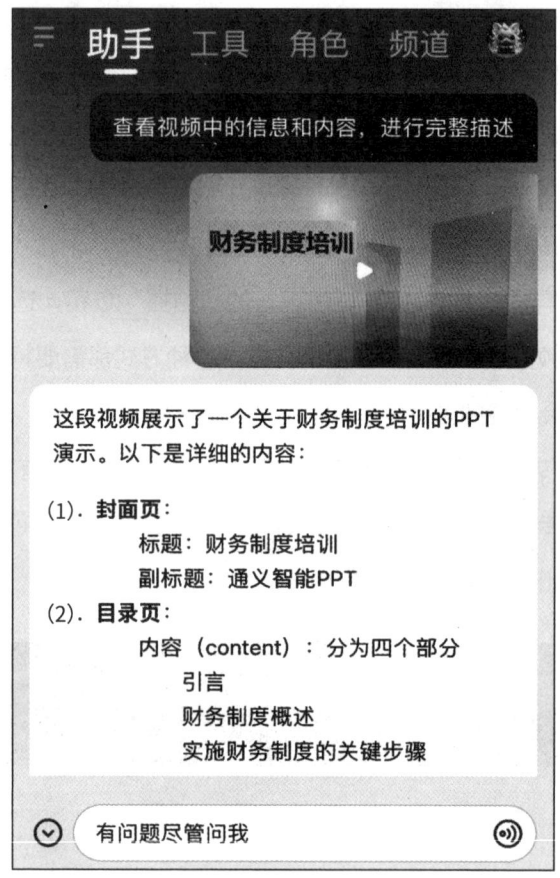

图 3-46 通义对视频内容进行描述

此时已经跳转到对视频提问的页面，用户可以针对该视频进行各种内容提问，比如要求通义查看视频中的信息和内容，并进行完整描述。然后通义会迅速提取出 PPT 中的所有内容，如图 3-46 所示。

当然，要求通义整理培训会的主要内容，提取出每张 PPT 上的图表数据，或者生成脑图等都是完全可以的。这样，无须参会者手动对齐 PPT 和发言内容，通义就可以生成一份完整、清晰的会议记录。

这种功能在培训类的会议中更为适用，尤其是在涉及复杂制度或政策解读的财务培训中，通义不仅能抓取 PPT 中的核心要点，还能生成一份清晰的课程概要，可以直接用于课程回顾或后续的培训材料分发。

第 4 章

财务核算：
AI 简化核算流程的应用技巧

在财务管理中，核算工作往往是最烦琐却又极为关键的一环。随着数据量的增加，人工核算在速度和精度上难免会受到限制，而 AI 工具的应用正好迎合了这一需求，凭借其强大计算能力，不仅可以快速处理海量数据，还能够精确套用复杂的财税政策，生成准确的会计分录，让许多曾经复杂的流程变得更加顺畅、自动化，帮助企业从数据处理中获取更大价值。接下来我们将深入探讨 AI 工具在财务核算中的多重应用。

4.1 让AI工具协助税务核算

在财务工作中，面对不断变化的税收法规和各类专项政策，财务人员往往需要花费大量时间和精力去理解、学习这些新规定，然后再手动套用到实际工作中。这种繁复的计算过程不仅容易出错，还会因为政策变动导致效率低下。目前，AI技术的发展为这种情况提供了完美的解决方案。借助像通义这样的AI工具，财务人员不再需要自己去追踪最新的财税政策，而是能够通过智能工具让这些政策自动应用于日常计算当中。

下面以通义为例，演示AI工具如何协助会议记录。

【演示1】抓取最新财税政策

新出台的财税政策可能含有难得的优惠，特别是在涉及税收减免、费用抵扣等方面，若不能及时调整，企业可能会错失重要的成本节约机会。对财务人员来说，迅速响应这些变化至关重要，但依赖传统的人工方式，可能会因为滞后于政策更新而影响决策的效率。通义则通过实时追踪和更新各类财税政策，帮助企业"赶趟"这些政策红利。财务人员只需输入相关政策的关键词或需求，AI工具便能自动抓取最新的法规，解析其条款，并迅速计算出新政策对财务报表的具体影响，让调整计算方式变得简单、高效。

在操作方面，只需要打开通义主页，在对话框中输入相关政策的关键词，即可获得实时答复。

举个例子，假设有一家注册在中国（上海）自由贸易试验区的进出口贸易公司A，主营离岸转手买卖业务。2024年3月底，公司计划签署总金额约为10亿元的离岸买卖合同。3月21日，财务人员在通义主页输入"2024年上海最新印花税政策"，得到这样一条回复，如图4-1所示。

第 4 章 财务核算：AI 简化核算流程的应用技巧

2024年上海最新印花税政策

2024年，上海针对特定类型的贸易活动推出了新的印花税政策，特别是针对离岸贸易。具体来说，财政部和国家税务总局联合发布了《关于在中国（上海）自由贸易试验区及临港新片区试点离岸贸易印花税优惠政策的通知》，旨在支持自由贸易试验区的发展。根据这项政策：

> 自2024年4月1日起至2025年3月31日止，对于注册登记在中国（上海）自由贸易试验区及临港新片区的企业，在进行离岸转手买卖业务时签订的买卖合同，可以享受免征印花税的优惠政策。
>
> 所谓的"离岸转手买卖"是指居民企业从非居民企业购买货物后，再将该货物转售给另一个非居民企业，且整个过程中货物并未实际进入中国关境内的交易形式。

这一政策的出台，标志着中国在探索和完善离岸税制方面迈出了重要的一步，同时也为相关企业提供了实实在在的税收减免，有助于促进上海自由贸易试验区及临港新片区的离岸贸易发展。

图 4-1 通义抓取最新财税政策

这是一个关于离岸转手买卖业务免征印花税的政策，明确了自 2024 年 4 月 1 日起至 2025 年 3 月 31 日，对于注册在中国（上海）自由贸易试验区及临港新片区的企业，如果从事离岸转手买卖业务，那么签订的买卖合同将享受免征印花税的优惠政策。

很明显，政策的实施日期为 2024 年 4 月 1 日，这意味着公司计划在 3 月底签署的合同并不适用该政策。因此，公司 A 的财务人员意识到，若在 3 月签署这笔总金额约为 10 亿元的离岸买卖合同，将无法享受免征印花税的优惠，按原政策需要缴纳几十万元的印花税。

为了最大化节税效应，财务人员立即建议公司管理层将合同签署时间延后至 4 月 1 日之后，以便符合免征印花税的条件。这笔节省下来的资金，可以被重新投入运营中，提高资金的使用效率。

通过利用通义抓取并解读最新的财税政策，企业能够在政策红利的窗口期内做出迅速而有效的调整,避免因信息滞后导致不必要的税务支出。正如公司 A 的案例所示,仅仅通过调整合同签署时间,就为企业节省了几十万元的印花税,这不仅减少了财务负担,还为企业的运营提供了更多灵活性。

随着政策变化的速度越来越快,依赖 AI 工具进行政策追踪,已经成为财务工作中不可或缺的策略手段。这种智能化的决策支持,不仅提高了财务人员的工作效率,还确保了企业在复杂的政策环境中始终能够抓住关键机会,实现财务效益最大化。

【演示 2】 自动化税额计算

在进行税额计算的时候,财务人员手里计算器都要按出火星子了,多次核对就为了避免出错。现在 AI 工具也能完成这项任务了,财务人员只需要进行结果监督即可。

仍以前面的例子来说,如果公司 A 在 3 月底签订了合同,具体应该支付多少印花税呢?在对话框中输入相关情况,来看看通义的计算结果吧,如图 4-2 所示。

图 4-2 通义计算应缴纳的印花税额

这个回答总体上是准确的，明确了公司 A 在 2024 年 3 月底签署合同时不能享受免征印花税政策，并按照现行的万分之三的税率计算出了应缴的印花税。不过，虽然回答提到了万分之三的税率，但对于是否适用于所有离岸转手买卖业务的具体政策依据可以更清晰一些，以确保税率的准确性。

【演示 3】 模拟不同财税政策对公司的影响

AI 的另一个强大之处在于，它可以帮助公司提前预测政策变化可能带来的财

假设有一家制造公司B。该公司年销售额为5000万元，成本为3000万元，每年投入研发费用500万元，目前适用的企业所得税税率为25%。如果即将要出台一项新的财税政策，对该企业所在行业的研发费用加计扣除比例从75%提高到100%。请模拟一下新政策对公司的影响。

根据新政策，制造公司B的研发费用加计扣除比例从75%提高到100%，对公司的影响如下：

原政策下：

实际扣除的研发费用 = 500万 × (1 + 75%) = 875万

应纳税所得额 = 5000万 − 3000万 − 875万 = 1125万

所得税 = 1125万 × 25% = 281.25万

影响总结：新政策实施后，公司B的应纳税所得额减少125万，所得税减少31.25万，减轻了公司的税收负担，有助于增加研发投入。

图 4-3 通义不同财税政策对公司的影响

务影响。通过通义，企业可以模拟不同政策对未来财务结果的影响，提前做好规划和应对。这对于企业的决策者来说尤为重要，因为政策变动往往伴随着税务负担的增减或支出结构的调整，提前了解这些影响，能够让企业在税务合规的同时，灵活应对市场变化。

举个例子，假设有一家制造公司 B。该公司年销售额为 5000 万元，成本为 3000 万元，每年投入研发费用 500 万元，目前适用的企业所得税税率为 25%。如果即将要出台一项新的财税政策，对该企业所在行业的研发费用加计扣除比例从 75% 提高到 100%。现在要求通义来模拟一下新政策对公司的影响，如图 4-3 所示。

这个回答展示了政策变化前后的具体差异，重点清晰，计算过程完整。回答中对于所得税税负减少分析到位，也进行了总结，能让用户得到预期的答案。

4.2 从信息识别到录入的发票处理自动化流程

每个月，财务人员都要面对大量的电子发票，需要逐一审核、录入、分类，再进行账务处理。而其中最让人感到头疼的，往往不是审核的过程，而是将这些发票从电子邮件中提取出来，转换为财务系统可以识别的数据，再进行入账。现在让 AI 工具来改变这一切。

下面以通义为例，演示 AI 工具帮助财务人员处理发票任务。

【演示 1】 发票信息识别

通常电子发票会通过电子邮件、短信、微信或其他方式发送过来，财务人员可以直接在电脑上查看电子发票。在收到电子发票后，财务人员可以通过点击电子邮件中的链接或附件，或者从短信、微信等消息中获取发票链接，直接访问发票下载页面。一般情况下，点击链接后会跳转到发票服务平台的页面，用户可以选择将发票以 PDF 或其他格式下载到本地存储。

下载时要确保文件命名清晰，以方便后续整理和归档。例如，可以使用"发票编号＋日期"的方式命名文件，保存在公司专门的财务文件夹中，确保备份并便于日后查询使用。

❶ **上传给通义**

打开通义的网页版或客户端，在对话框左侧找到上传入口，可以直接上传发票的 PDF 文档，也可以对发票进行截图，上传电子发票图片。

❷ **对通义提问**

上传完成后，通义会自动识别发票中的关键数据，如发票编号、金额、税率等，并将这些信息整理成可查询的数据格式，方便财务人员进一步处理和分析。想要获取这些信息，只需要在通义对话框中进行提问即可。

这里有一张隐藏了部分信息的增值税专用发票（如图 4-4 所示），是企业购买信息技术服务收到的。

购买方信息	名称：					销售方信息	名称：			
	统一社会信用代码/纳税人识别号：						统一社会信用代码/纳税人识别号：；			
项目名称	规格型号	单位	数量		单价		金额	税率/征收率		税额
*信息技术服务*技术服务			1		18867.92		18867.92	6%		1132.08
合 计							¥18867.92			¥1132.08
价税合计（大写）		⊗ 贰万元整					（小写)¥20000.00			
备注	购方开户银行： 销方开户银行：						银行账号 银行账号			

开票人：

图 4-4 用于测试的电子发票样式

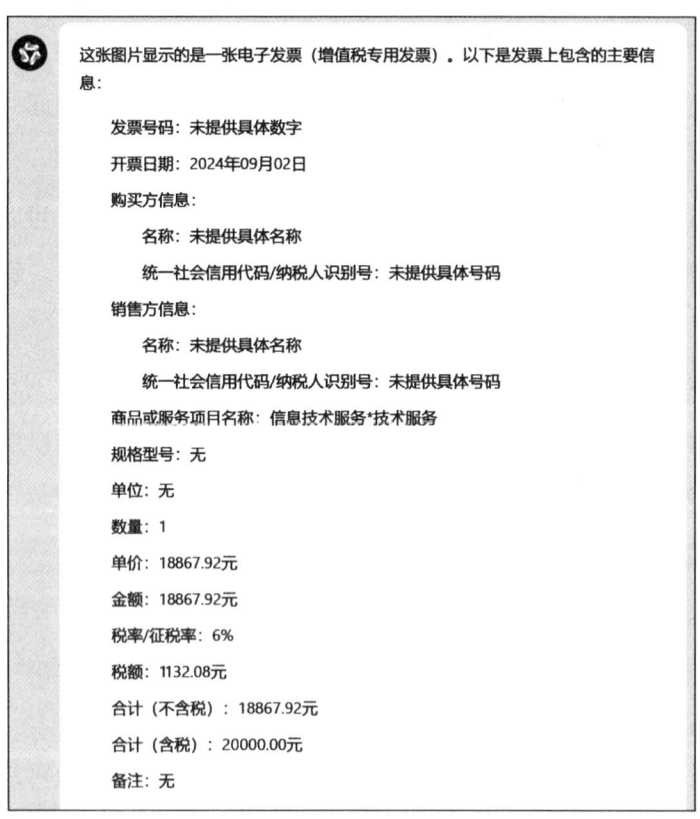

图 4-5 通义识别发票信息

特别说明：该电子发票样式仅供 AI 工具测试，其内容并不反映真实交易情况。

我们上传给通义，要求其"识别该发票包含的信息，并进行完整描述"，来看看通义能否获取到发票的金额、税率等信息，如图 4-5 所示。

可以看到：通义对电子发票展示的信息进行了准确的描述，单价、金额、税率都能对应上，"合计（不含税）"和"合计（含税）"的金额也详细列了出来，帮助用户理解发票上的关键数据。

不过，尽管通义会尽力提取信息，但建议用户还是需要人工审核校验以确保准确性。

【演示 2】 发票的分类与归档

随着企业业务的增长，财务人员可能会收到大量电子发票。如果不及时分类，容易导致发票保存在各处，增加查找和核对的难度。而且，在税务申报和审计环节，发票的完整性和准确性也是重点，分类归档可以确保每张发票都在合规范围内，避免不必要的财务和税务风险。

发票的分类与归档常见做法是制作发票管理台账，方便在一个集中平台上查看所有发票的详情，无论是开票时间、金额、税率，还是供应商信息，都能清晰展示。现在，这个任务也可以交由 AI 工具来完成。

❶发票管理台账模板自动生成

向通义提问："一个完整的发票管理台账应该包含哪些内容？"通义的回答如图 4-6 所示。

继续要求通义："请按照这些内容出具一个发票管理台账的表格模板。"很快，通义会按照要求出具一个发票管理台账的模板，如图 4-7 所示。

❷发票上传与信息提取

这里可以重复之前的发票信息识别步骤，将发票上传给通义，要求其："请识别该发票包含的信息，并将其填入发票管理台账表格模板中。"通义的回答如图 4-8 所示。

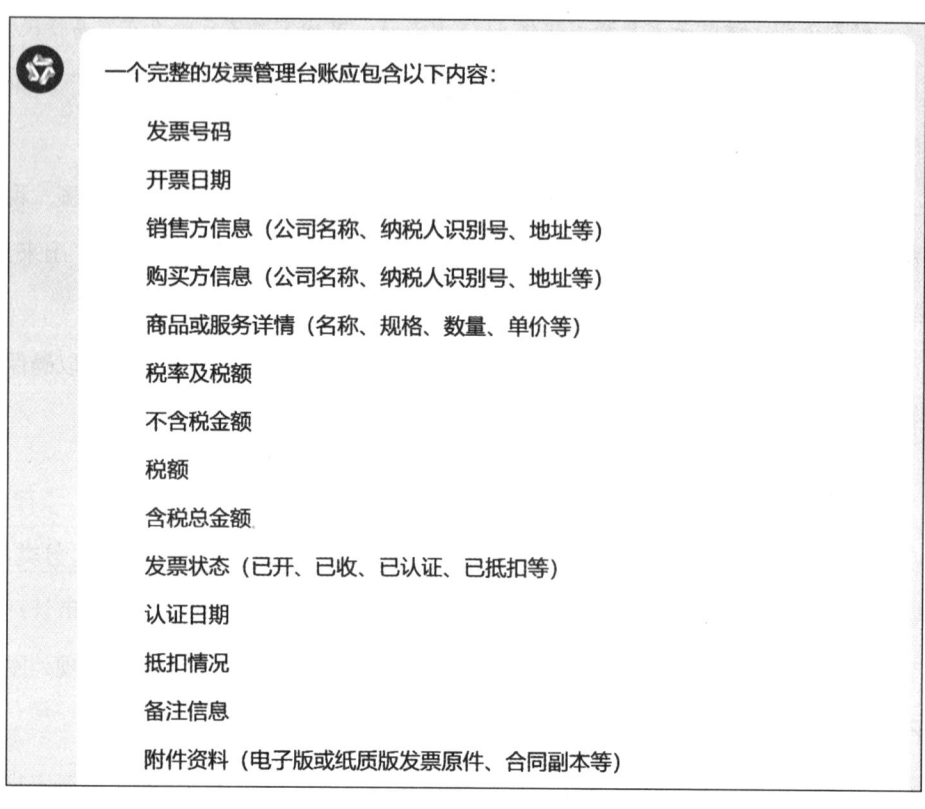

图 4-6 通义回答发票管理台账应该包含的内容

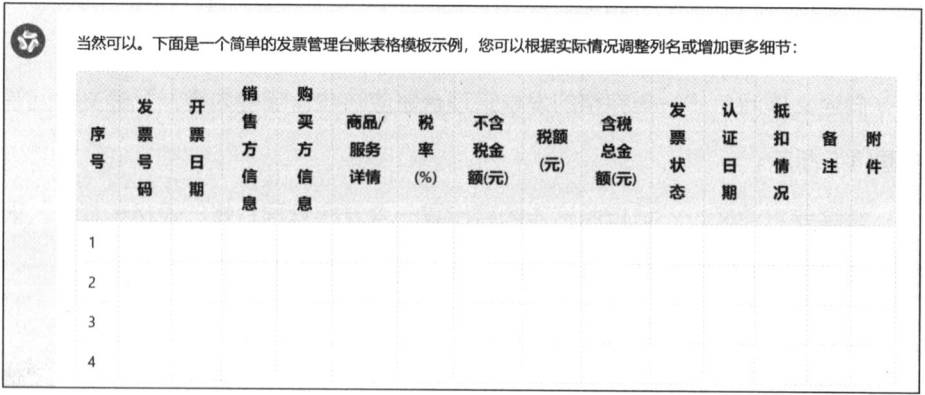

图 4-7 通义生成发票管理台账模板

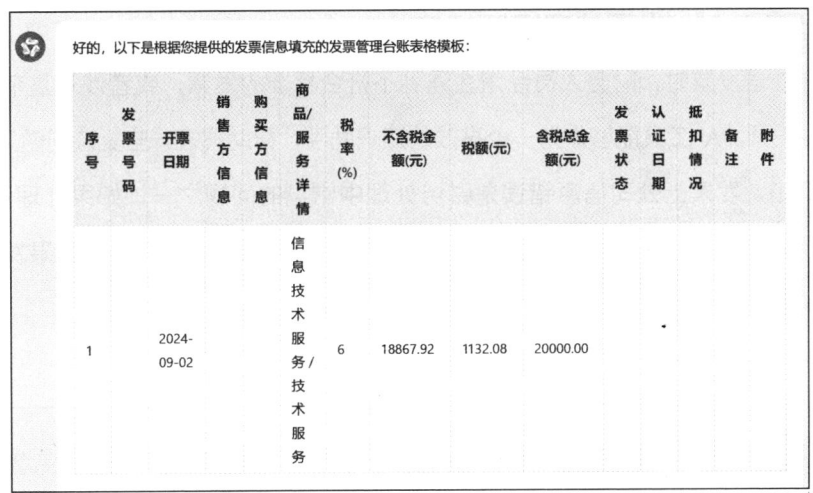

图 4-8 通义将发票信息填入发票管理台账

所有信息准确无误填入,而没有提供的信息则空着。

❸数据导出

发票管理台账完成后需要导出为表格文件,保存在财务人员的工作电脑上才算完成工作。

数据导出操作十分简单,只需要复制粘贴。全选图 4-8 中表格的全部内容,通义会自动跳出操作按钮,点击"复制"。

然后打开 WPS,新建一个表格文档,选中任意单元格,点击鼠标右键选择"粘贴",或直接键盘输入"Ctrl + V",即可将全部发票管理台账的内容导出(如图 4-9 所示),最后点击"保存",命名为"发票管理台账",将表格文件保存在适当位置即可。

序号	开票日期	商品/服务详情	税率(%)	不含税金额(元)	税额(元)	含税总金额(元)
1	2024/9/2	信息技术服务 / 技术服务	6	18,867.92	1,132.08	20,000.00

图 4-9 导出到 WPS 的发票管理台账

【演示3】 发票处理问题解答

在处理发票时，财务人员经常会遇到不符合标准的发票，或者涉及复杂要求的特殊发票。AI 工具能够作为一个高效的知识助手，帮助解答一些复杂问题。

例如，发票上公司信息错误是财务处理中常见的问题之一，如果处理不当，可能会影响报销、税务申报以及财务合规性。用户可以询问通义："如果发票上的公司信息错误，该怎么办？"

一起来看看通义是怎么回答的，如图 4-10 所示。

如果收到的发票上公司信息有误，应该采取以下步骤来解决问题：

(1). **立即联系开票方**：发现发票上的信息错误后，应尽快与开具发票的一方取得联系，告知其发票中存在的错误。通常情况下，开票方会要求您提供正确的信息以便重新开具正确的发票。

(2). **提供正确信息**：向开票方提供准确无误的公司信息，包括但不限于公司名称、纳税人识别号、地址、电话、开户银行及账号等，确保所有信息都是最新的。

(3). **请求作废原发票并重开**：对于已开具但存在错误的发票，通常需要先将原发票作废，然后根据正确的信息重新开具新发票。需要注意的是，根据国家税务总局的规定，作废发票和重新开具都有严格的时间限制和流程要求。

(4). **保留沟通记录**：在整个过程中，建议保留与开票方的所有沟通记录（如邮件、聊天记录等），以备后续可能出现的问题或争议时作为证据使用。

(5). **检查新发票**：收到重新开具的发票后，务必仔细核对发票上的所有信息是否准确无误，确认无误后再进行后续的账务处理。

(6). **及时处理财务事宜**：确保在财务系统中正确地反映发票更正的情况，避免因发票信息错误导致的税务申报或其他财务问题。

如果在处理过程中遇到困难，或者不确定如何操作，建议咨询专业的会计师或税务顾问获取帮助。

图 4-10 通义给出发票信息错误的解决办法

财务人员也可以询问："如果发票的金额和合同不符，应该如何处理？"，

这个问题具有很强的实用性，尤其是在实际操作中，发票金额和合同金额不符的情况并不少见，可能涉及供应商错误开票、合同条款调整等情况。通过提出这个问题，财务人员能够了解处理流程，及时采取行动避免误报或错误入账。

来看看通义是怎么回答的，如图 4-11 所示。

当发票金额与合同金额不符时,应按以下步骤处理:

(1). **核对差异**:

仔细对比发票上的金额与合同中的金额,确定具体差异。

查找差异原因,如计算错误、遗漏项目、额外费用等。

(2). **联系供应商**:

立即联系供应商,说明发票金额与合同金额不符的情况,要求对方解释原因。

提供合同、订单、验收单等相关文件作为证据。

(3). **请求更正**:

如果是供应商的错误,要求供应商作废原发票并重新开具正确的发票。

如有额外费用或调整,与供应商协商解决方案,如调整合同金额、签订补充协议等。

(4). **内部审批**:

将问题上报给财务部门负责人或相关管理层,说明情况并提出处理建议。

获得必要的审批和授权。

(5). **财务处理**:

根据最终确定的金额调整财务记录,确保账务的准确性和一致性。

保存所有相关的沟通记录、更正发票、审批文件等,以备后续查询或审计。

(6). **法律和税务合规**:

确保处理过程符合国家的法律法规,特别是税务法规。

如有必要,咨询会计师或税务顾问的意见,确保处理方式的合法性和合理性。

希望这些步骤能帮助您有效处理发票金额与合同金额不符的问题。

图 4-11 通义给出发票金额和合同金额不符的解决办法

这个回答提供了系统且详细的步骤,清晰地展示了当发票金额与合同金额不符时,从核对差异、联系供应商、内部审批到财务处理和法律合规的处理全流程,具有一定的操作性。

4.3 AI 生成会计分录

现代财务软件如用友、金蝶等已经能够自动生成会计分录，并广泛应用于企业的日常财务管理中，不再需要财务人员手动编写每一笔分录。如今，问题的核心更多在于如何让生成的分录更加智能化、自动适配复杂的业务场景，尤其是在面对跨部门、复杂税务环境、财税政策变化等多维度影响时，如何更快、更准确地生成符合企业具体需求的分录。

因此，AI 工具在生成会计分录方面的优势并不是替代现有的基础自动化，而是进一步优化和智能化这一过程，让财务系统能够应对更复杂、更动态的业务需求。比如，当企业面对多业务线、多币种、多税务政策的情况下，AI 工具可以协助系统根据最新的政策或业务变化自动调整分录规则，让财务操作更符合企业的财务策略和合规要求。

接下来我们将使用通义演示如何进一步提升会计分录的智能化生成，帮助企业应对更复杂的财务情境。

【演示 1】 动态适配多场景的会计分录生成

假设某跨国公司在中国和 W 国都有业务，涉及多币种交易和多项税务优惠政策。该公司需要处理一笔从中国子公司向 W 国子公司汇款的业务，金额为 10 万 W 元，用于支付 W 国子公司的运营费用。同时，这笔交易需要考虑汇率波动和两国的税务政策差异。

❶向通义提供业务信息

假设业务信息如下：

交易类型：跨境支付

支付金额：10W 万元

支付目的：支付 W 国子公司的运营费用

支付币种：元

收款方：W 国子公司

当前汇率：1W 元 =8.00 人民币

税务政策：中国和 W 国的税务政策（包括增值税、所得税等）

❷**要求通义根据业务信息生成会计分录**

向通义提问："这笔钱已支付，请生成中国子公司的基础会计分录。"通义的回答如图 4-12 所示。

根据提供的信息，中国子公司将进行一笔跨境支付，以人民币支付给W国的子公司作为运营费用。首先，需要将支付金额转换为人民币，然后制作相应的会计分录。

支付金额为10W万元（假设这里的"万元"是指万W元），按照当前汇率1W元=8.00人民币计算，那么实际支付金额为：

10W * 8 = 800000000 人民币

接下来，我们来制作基础的会计分录。在支付这笔款项时，会计分录如下：

借：长期投资 - 对外子公司投资（或根据实际情况选择合适的账户） 800000000 人民币
贷：银行存款 800000000 人民币

这里使用"长期投资 - 对外子公司投资"是因为这笔支付是为了支持W国子公司的运营，可以视为对子公司的投资。但是，具体的会计科目应根据企业的实际情况以及会计准则的要求来确定。如果这笔支付被视为日常运营支出而非投资，则应调整至适当的费用科目，例如管理费用或销售费用等。

请确保在实际操作中与财务部门沟通确认，以保证会计处理符合公司的具体要求和适用的会计标准。

图 4-12 通义生成中国子公司跨境业务会计分录

当然，也可以反过来问："这笔钱已收到，请生成 W 国子公司的基础会计分录。"通义的回答如图 4-13 所示。

> 当W国子公司收到这笔款项时,需要记录相应的会计分录如下:
>
> 借:银行存款 10W W元
> 贷:实收资本(或股东贷款) 10W W元
>
> 解释:
>
> **借:银行存款** 表示子公司银行账户增加了10W W元。
>
> **贷:实收资本**(或**股东贷款**)表示这笔款项作为母公司对子公司的投资或借款。

图 4-13 通义生成 W 国子公司跨境业务会计分录

❸**考虑税务影响**

以上基础分录是没有考虑税务影响的,如果考虑税务影响要更加复杂。这里可以向通义了解这笔业务的缴税情况,通义的回复如图 4-14 所示。

假设 W 国与中国之间存在双重征税协定,这笔资金被视为投资,那么根据 W 国的税法,W 国子公司收到的这笔实收资本本身不直接产生企业所得税。但是,如果这笔资金用于子公司的经营活动并产生了利润,这些利润将在 W 国被征税。

【演示 02】 动态应用税务政策进行会计分录调整

税务政策的变化,尤其是增值税税率的调整,往往对企业的财务记账有直接影响。这意味着企业的会计分录需要进行相应的更新,以确保税务和财务合规。当政策出台后,企业需要迅速调整税率并在财务系统中修改相关会计处理。

针对这种情况,尽管通义并不能直接操作会计系统,但它可以提供智能化的引导和建议,帮助财务人员顺利完成会计分录的调整。

假设公司卖出一批货,收到 117000 元,会计人员不小心把增值税按照 17% 的税率进行了核算,录入了以下会计分录:

借:银行存款 117000

贷:主营业务收入 100000

贷：应交税费—应交增值税（销项税额） 17000

如果想要按照13%的增值税税率来记账，怎么修改会计分录呢？可以向通义提问，看看会得到怎样的回复，如图4-15所示。

随后，财务人员可以将通义提供的分录调整输入到企业的财务系统中，并记录这些调整。

跨国投资和资金流动通常会涉及税收问题，具体是否需要缴税以及如何缴税取决于多个因素，包括但不限于两国之间的税收协定、各国的税法规定、资金的性质（如投资、贷款等）、以及具体的交易结构等。

对于您提到的情况，即中国母公司向W国子公司提供资金，以下是一些可能涉及的税收考虑：

(1). **预提税**（Withholding Tax）：如果这笔资金被视为股息、利息或特许权使用费等，在某些情况下，W国可能要求子公司在支付这些款项时预扣一定比例的税款，并将其缴纳给W国政府。不过，由于这里是母公司对子公司的投资，通常不会涉及到预提税的问题，除非这笔资金是以贷款形式提供的。

(2). **企业所得税**：如果这笔资金用于子公司的经营活动，并因此产生利润，那么这些利润可能会在W国被征税。W国子公司的利润将根据W国的企业所得税率纳税。

(3). **资本弱化规则**：一些国家为了防止企业通过高利率的内部贷款转移利润以逃避税收，制定了资本弱化规则。如果这笔资金以贷款的形式提供，需要检查W国是否有资本弱化的限制。

(4). **双重征税协定**：中国与许多国家签订了避免双重征税的协定。如果W国也是其中之一，那么这些协定可能会规定如何避免或减少双重征税，比如允许在中国抵免在W国已经缴纳的税款。

(5). **转让定价**：如果这笔资金的条件（如利率、期限等）不符合独立交易原则，可能会受到转让定价规则的影响，导致需要调整交易价格并可能引起额外的税务负担。

建议咨询专业的国际税务顾问，以确保所有相关的税务义务都得到妥善处理，并充分利用可用的税收优惠措施。每个国家的具体规定都有所不同，专业的税务顾问能够提供针对具体情况的准确指导。

图4-14 通义列举跨国业务可能涉及的税务情况

> 可以按照以下步骤进行调整:
>
> (1). **冲销原错误分录**:
>   借:主营业务收入 100000
>   借:应交税费-应交增值税(销项税额) 17000
>   贷:银行存款 117000
>
> (2). **重新记录正确的分录**:
>   借:银行存款 117000
>   贷:主营业务收入 103539.82
>   贷:应交税费-应交增值税(销项税额) 13460.18
>
> **解释**
>
> - **新的不含税销售额**:117000 / 1.13 ≈ 103539.82 元
> - **新的销项税额**:103539.82 * 0.13 ≈ 13460.18 元
>
> 通过上述调整,确保会计记录反映正确的增值税税率,同时保持合同总金额不变。

图 4-15 通义调整会计分录

【演示 2】 复杂费用分摊和项目核算的智能处理

在日常财务工作中,特别是在处理跨部门、多个项目的费用分摊时,传统财务系统虽然能记录分录,但往往需要财务人员手动输入具体的分摊规则和比例。AI 工具能够根据企业的实际情况,自动识别分摊需求,基于历史数据或项目进度,智能生成相应的会计分录。

❶提供费用分摊的基本信息生成分录

首先,财务人员需要向通义提供费用分摊的基本信息,例如费用的总额、分摊的部门、项目,以及各部门或项目的分摊比例或规则。通义可以帮助根据这些规则进行分摊计算。

例如,在通义对话框中输入:"公司支付管理费用 100 万元,需要在市场部、研发部和销售部三个部门之间分摊,分摊比例分别是 40%、30%、30%。请帮我生成费用分摊的会计分录。"通义的回答如图 4-16 所示。

> 好的，公司支付管理费用100万元，需要在市场部、研发部和销售部三个部门之间分摊，分摊比例分别是40%、30%、30%。以下是费用分摊的会计分录：
>
> (1). **计算各部分费用**
>
>   **市场部**：100万元 * 40% = 40万元
>
>   **研发部**：100万元 * 30% = 30万元
>
>   **销售部**：100万元 * 30% = 30万元
>
> (2). **生成会计分录**
>
> **总账分录**
>
> 借：管理费用 1000000
> 贷：银行存款 1000000
>
> **分摊到各部门的分录**
>
> 借：市场部管理费用 400000
> 借：研发部管理费用 300000
> 借：销售部管理费用 300000
> 贷：管理费用 1000000
>
> **解释**
>
> - **总账分录**：记录公司支付的总管理费用100万元，从银行存款中支付。
> - **分摊分录**：将总管理费用100万元按比例分摊到市场部、研发部和销售部。
>
> 通过上述分录，可以清晰地记录管理费用的支付和分摊情况。

图 4-16 通义生成管理费用分摊会计分录

通义根据分摊比例，自动计算出各部门的分摊金额，并生成了相应的会计分录。

❷**根据项目进度或历史数据进行分摊**

在某些项目核算中，费用分摊往往与项目的实际进度或历史支出数据相关。通义可以根据这些数据，动态调整费用分摊的比例，并提供智能化的分录建议。

例如，在通义对话框中输入："公司有两个项目，项目 A 和项目 B。项目第一阶段结束时，项目 A 已完成 60%，项目 B 完成 40%。初始两个项目的费用总预算是 500000 元，平分预算费用。现在，管理费用已发生 200000 元，销售费用已发生 100000 元。请帮我生成费用分摊的会计分录。"

通义的回答如图 4-17 所示。

> 我们需要根据项目的完成比例分摊这些费用。
>
> **(1). 确定分摊比例**
>
> 项目A已完成60%，项目B完成40%。总完成比例为100%。
>
> - **项目A的分摊比例**：60% / (60% + 40%) = 60% / 100% = 60%
> - **项目B的分摊比例**：40% / (60% + 40%) = 40% / 100% = 40%
>
> **(2). 计算各项目的分摊费用**
>
> **项目A**
>
> **管理费用**：200000元 * 60% = 120000元
>
> **销售费用**：100000元 * 60% = 60000元
>
> **项目B**
>
> **管理费用**：200000元 * 40% = 80000元
>
> **销售费用**：100000元 * 40% = 40000元
>
> **(3). 生成分摊分录**
>
> 借：项目A - 管理费用 120000
> 借：项目A - 销售费用 60000
> 借：项目B - 管理费用 80000
> 借：项目B - 销售费用 40000
> 贷：管理费用 200000
> 贷：销售费用 100000
>
> 通过上述分录，可以确保费用的合理分摊，并反映项目的最新进展。这样可以避免项目总费用超标的问题。

图 4-17 通义生成项目之间费用分摊会计分录

当后续项目第二阶段结束时，项目 A 已完成 90%，项目 B 已完成 90%，此时管理费用累计发生了 250000 元，销售费用累计发生了 200000 元。如何增加费用分摊的会计分录，保证项目累计费用的合理分摊呢？来看看通义的回答，如图 4-18 所示。

> 我们需要根据项目的完成比例重新分摊这些费用。
>
> (1). **计算第二阶段新增的费用**
>
> **总费用**
>
>   **管理费用**：250,000元 - 200,000元 = 50,000元
>
>   **销售费用**：200,000元 - 100,000元 = 100,000元
>
> (2). **确定项目的累计分摊费用**
>
> **项目A和项目B（各90%完成）**
>
>   **管理费用**：250,000元 / 2 = 125,000元
>
>   **销售费用**：200,000元 / 2 = 100,000元
>
> (3). **计算每个项目的累计费用差额**
>
> **项目A**
>
>   **管理费用**：125,000元 - 120,000元 = 5,000元
>
>   **销售费用**：100,000元 - 60,000元 = 40,000元
>
> (4). **生成分摊分录**
>
> 借：项目A - 管理费用 5,000
> 借：项目A - 销售费用 40,000
> 借：项目B - 管理费用 45,000
> 借：项目B - 销售费用 60,000
> 贷：管理费用 50,000
> 贷：销售费用 100,000
>
> 通过上述分录，可以确保每个项目的累计费用是合理的，并反映项目的最新进展。这样可以避免项目总费用超标的问题。

图 4-18 通义再次生成项目之间费用分摊会计分录

这就是基于第一阶段费用分摊情况生成的第二阶段费用分摊新会计分录，通义快速完成了整个复杂的计算过程，并生成了对应的会计分录，减轻了财务人员的负担。

❸检查和复核分摊结果

在分摊完成后，复核分录是否平衡是确保财务准确性的重要一步。使用通义等AI工具，可以帮助自动复核已分摊的会计分录，避免手动检查中的遗漏或错误。

在之前的例子中，如果第三阶段结束，项目 A 和项目 B 均已完成，实际总共发生了 600000 元费用，累计归集于项目 A 的管理费用和销售费用合计 350000 元，归集于项目 B 的管理费用和销售费用合计 250000 元，这个分摊结果是否合理呢？应该怎么调整？

通义的回答如图 4-19 所示。

 我们需要根据项目的完成比例重新分摊这些费用。

(1). **确定每个项目的累计费用**

项目 A

　　累计费用：350000 元

项目 B

　　累计费用：250000 元

(2). **计算每个项目的应分摊费用**

　　应分摊费用：600000 元 / 2 = 300000 元

(3). **计算每个项目的费用差额**

项目 A

　　费用差额：350000 元 － 300000 元 = 50000 元（超支）

项目 B

　　费用差额：250000 元 － 300000 元 = －50000 元（不足）

(4). **生成调整分录**

　　借：项目 B - 管理费用 25000
　　借：项目 B - 销售费用 25000
　　贷：项目 A - 管理费用 25000
　　贷：项目 A - 销售费用 25000

图 4-19 通义调整项目之间费用结果

从以上步骤可以看出，AI 工具可以大大简化复杂费用分摊和项目核算的处理过程，自动生成会计分录并根据项目进度或规则调整分摊比例。这种智能化的处理方式，不仅提高了效率，还减少了人为错误，使得财务管理更加精准和高效。

4.4 AI 精确计算固定资产折旧

在财务工作中,无论是新购入的大型设备,还是已经使用多年的办公设备,固定资产的折旧都需要精确的计算来确保财务报表的准确性。然而,折旧不仅仅是简单的线性计算,还需要根据不同的资产类别、使用年限、残值率等多个因素进行调整和考量。财务人员在应对这些复杂因素时,经常会感到烦琐,尤其是当企业拥有大量的固定资产时,每月或每年的折旧计算和核对工作都变得极为耗时。

下面我们以通义为例,演示 AI 是如何精确计算固定资产折旧的,以期对财务人员的工作起到一定的帮助作用。

【演示 1】 智能推荐折旧方法

固定资产折旧的计算方式有很多种,如直线法、双倍余额递减法、工作量法等,每种方法适用于不同的资产类别。当企业新增固定资产时,财务人员有时不清楚应该选择何种的折旧方法,此时就可以寻求 AI 工具的帮忙。

举个例子,假设公司购买了一台价值 500000 元的高端生产设备和一台价值 20000 元的办公电脑。对于这两种不同类型的资产,折旧方法的选择自然不一样。

❶估算预计使用年限和残值

新购来的固定资产能用几年?是否有残值呢?这一点如果不确定的话可以向通义提问:"请帮我估算新增的固定资产的预计使用年限和残值。资产包括一台价值 500000 元的高端生产设备,以及一台价值 20000 元的办公电脑。"

通义的回答如图 4-20 所示。

> 对于固定资产的预计使用年限和残值的估算,通常会根据行业标准、企业内部政策以及资产本身的性质来确定。以下是对您提到的两项资产的一般性建议:
>
> **高端生产设备(500000元)**
>
> **预计使用年限**:高端生产设备由于技术复杂且成本高昂,其设计寿命往往较长。在制造业中,这类设备的预计使用年限一般为10至15年。当然,这也取决于具体的维护保养情况以及技术更新的速度。
>
> **残值**:残值是指资产在其预计使用寿命结束时的价值。对于高端生产设备而言,考虑到回收材料价值及可能的技术再利用等因素,残值可以设定为原值的5%至10%,即25000元至50000元之间。
>
> **办公电脑(20000元)**
>
> **预计使用年限**:办公用电脑由于技术进步较快,更新换代频繁,因此其预计使用年限较短,一般为3至5年。
>
> **残值**:对于办公电脑来说,考虑到其快速贬值的特点,残值可以设定为原值的5%左右,即1000元左右。
>
> 需要注意的是,上述数值仅供参考,具体数字应根据实际情况调整。例如,如果公司有特定的折旧政策或者该类资产在市场上的实际表现与上述估计存在较大差异,则需要相应地调整这些参数。此外,在进行财务报表编制时,还需要遵循相关会计准则的要求来确定固定资产的预计使用年限和残值。

图 4-20 通义估算固定资产的预计使用年限和残值

❷推荐折旧方法

结合通义的回答,假设高端生产设备预计使用 12 年,残值率为 10%,办公电脑预计使用年限为 5 年,残值率为 5%。

我们继续向通义提问:"请帮我为公司新增的固定资产推荐合适的折旧方法。资产包括一台价值 500000 元的高端生产设备,预计使用 12 年,残值率为 10%,以及一台价值 20000 元的办公电脑,预计使用年限为 5 年,残值率为 5%。"

通义的回答如图 4-21 所示。

> 针对您公司新增的固定资产，以下是推荐的折旧方法及其理由：
>
> **高端生产设备（500000元）**
>
>   **预计使用年限**：12年
>
>   **残值率**：10%（即残值为50000元）
>
> **推荐折旧方法：直线法**
>
>   **介绍**：直线法是最常用的折旧方法，适用于大多数类型的固定资产。按照每年等额的方式计提折旧。
>
>   **计算公式**：（原值 - 残值）/ 预计使用年限 =（500000 - 50000）/ 12 = 37500元/年。
>
>   **理由**：高端生产设备的成本高、使用年限长，使用直线法可以平稳反映设备价值的减少过程，使财务报表更加稳定和可预测。
>
> **办公电脑（20000元）**
>
>   **预计使用年限**：5年
>
>   **残值率**：5%（即残值为1000元）
>
> **推荐折旧方法：双倍余额递减法**
>
>   **介绍**：双倍余额递减法是一种加速折旧的方法，适合技术更新快、早期损耗大的资产。前几年折旧额较高，后期逐渐减少。
>
>   **计算公式**：2 * (1 / 预计使用年限) * 当期账面净值。例如第一年的折旧额为2 * (1 / 5) * 20 000 = 8000元。
>
>   **理由**：办公电脑技术更新速度快，早期损耗较大，使用双倍余额递减法可以更好地匹配收入与费用的原则，反映资产的实际使用情况。

图 4-21 通义推荐固定资产折旧方法

这个回答结合具体固定资产进行了针对性推荐，并给出了推荐理由。同时详细介绍了两种常用的折旧方法（直线法和双倍余额递减法），增强了可操作性。回答逻辑上有一定可取之处。

【演示2】 自动计算月度固定资产折旧额

在财务管理中，遵循权责发生制，固定资产折旧额通常应该按月计提，这是为了使资产的价值损耗能够更均匀地分摊到每个月的经营成本中，使每个月的成本与实际运营情况相符。

具体每个月应该计提多少呢？下面仍以高端生产设备和办公电脑为例，让通义来计算月度折旧额。提问词可以这样写："公司有两项新增固定资产，其中一项是高端生产设备，初始价值为 500000 元，预计使用年限为 12 年，残值率 10%。另一项是办公电脑，初始价值为 20000 元，预计使用年限为 5 年，残值率 5%。请根据这些信息，计算每个月应该计提多少折旧额。"

通义的计算结果如图 4-22 所示。

根据您提供的信息，我们可以分别计算高端生产设备和办公电脑每个月应计提的折旧额。以下是详细的计算过程：

高端生产设备

　　初始价值：500000元

　　预计使用年限：12年

　　残值率：10%

　　残值：500000元 × 10% = 50000元

计算年折旧额

$$年折旧额 = \frac{原值-残值}{预计使用年限} = \frac{500000-50000}{12} = \frac{450000}{12} = 37500元/年$$

计算月折旧额

$$月折旧额 = \frac{年折旧额}{12} = \frac{37500}{12} = 3125元/月$$

办公电脑

　　初始价值：20000元

　　预计使用年限：5年

　　残值率：5%

　　残值：20000元 × 5% = 1000元

计算年折旧额

$$年折旧额 = \frac{原值-残值}{预计使用年限} = \frac{20000-1000}{5} = \frac{19000}{5} = 3800元/年$$

计算月折旧额

$$月折旧额 = \frac{年折旧额}{12} = \frac{3800}{12} \approx 316.67元/月$$

总结

　　高端生产设备每月折旧额：3125元

　　办公电脑每月折旧额：316.67元

图 4-22 通义计算固定资产的月度折旧额

有了计算好的结果，财务人员每个月就可以直接计提固定资产折旧了，分录如下：

借：制造费用－折旧费用 3125 （高端生产设备）

借：管理费用－折旧费用 316.67 （办公电脑）

贷：累计折旧 3441.67

【演示 3】 动态调整固定资产折旧计划

固定资产在使用过程中，偶尔会因为设备升级、搬迁或用途变化，导致其折旧计划需要重新调整。传统方式下，财务人员需要重新计算资产的剩余使用年限和折旧金额，但有了 AI 工具，这一过程可以变得更加智能化。

假设先前的高端生产设备在使用正好 5 年后，企业决定对该设备进行技术升级，虽然显著提高了设备的生产效率和性能，但也导致设备在未来几年的使用中会有更快的贬值，剩余使用年限从 7 年，变为了 5 年，预计残值不变。因此，公司考虑是否需要更换折旧方法。

具体怎么调整呢？我们来询问一下通义，看看它是如何回答的，如图 4-23 所示。

在这种情况下，由于设备进行了技术升级，导致未来几年内的贬值速度加快，公司可以考虑使用**双倍余额递减法**作为新的折旧方法。以下是详细的计算过程和新的折旧计划：

设备信息

初始价值：500000元

残值：50000元

已使用年限：5年

已计提折旧：112500元（前3年） + 30681.82元/年 × 2年 = 112500 + 61363.64 = 173863.64元

剩余账面价值：500000 - 173863.64 = 326136.36元

新的剩余使用年限：5年

双倍余额递减法

双倍余额递减法是一种加速折旧方法，每年的折旧率是直线法折旧率的两倍。

计算公式

年折旧率 = $2 \times \left(\frac{1}{剩余使用年限}\right) = 2 \times \left(\frac{1}{5}\right) = 0.4$

图 4-23 通义根据固定资产状态变化推荐新的折旧方法

通义根据我们提供的设备信息,推荐将原本的直线折旧法更改为双倍余额递减法。这种方法更符合设备在未来几年快速贬值的情况。

如果想要了解接下来几年设备的详细折旧计划,还可以继续对通义进行提问,如图 4-24 所示。

> 请列出每年的折旧计划

以下是使用双倍余额递减法计算的每年折旧计划:

年份	年初账面价值	当年折旧额	年末账面价值
第6年	326136.36	130454.54	195681.82
第7年	195681.82	78272.73	117409.09
第8年	117409.09	46963.64	70445.45
第9年	70445.45	28178.18	42267.27
第10年	42267.27	42267.27	50000.00

希望这个折旧计划对您有所帮助!如果有任何其他问题,请随时告知。

图 4-24 通义列出固定资产剩余年限的折旧计划

该回答展示了 AI 工具的优势,通义能够根据设备的最新折旧方法,快速计算出剩余年份的折旧情况,并以表格形式清楚地展示出来。

从折旧金额的变化中可以看到,双倍余额递减法确实能够更有效地反映设备贬值较快的现状。这种智能折旧计划调整功能,不仅让财务人员节省了大量的手动计算时间,还能降低计算错误的风险。

第5章

数据分析：
AI 驱动财务分析的应用技巧

　　在当今的财务管理中，数据分析已经成为推动企业决策的核心引擎。财务人员不再只是简单地记录和整理数据，而是需要从海量的财务数据中挖掘出隐藏的趋势和规律，来支持管理层的战略决策。因此，简单的数字堆积和报表生成，已无法满足快速变化的市场需求。企业需要更敏捷、更智能的财务分析工具，帮助他们从纷繁的数据中解读出隐藏的趋势和潜在问题。AI 工具的加入，恰好可以满足这一需求。接下来，我们将探讨如何利用 AI 驱动财务分析，从基础的函数公式到深入的指标解读，带来效率和洞察力的双重提升。

5.1 智能函数运用

在财务工作中,运用函数进行数据处理是非常常见的操作,许多财务人员日常只是机械地使用一些基础函数,如 SUM、AVERAGE 等,缺少对复杂函数的理解和运用。事实上,INDEX、MATCH、OFFSET 等函数可以大幅提升数据处理的灵活性,但这些函数的学习和掌握成本较高,导致很多人难以充分发挥它们的优势。

目前无论是外置的 AI 工具,如通义,还是办公软件内置的 AI 功能,如 WPS AI,都能帮助财务人员进行函数公式的使用。

【演示 1】 函数公式的推荐与自动生成

财务分析中,选择合适的公式进行数据处理至关重要。然而,面对大量不同类型的数据,如何快速选定适合的公式成为一大难题。AI 工具能够根据输入的具体财务数据,自动推荐最适合的函数公式,并解释其背后的原理。

接下来,我们通过一个例子来展示 AI 如何推荐与自动生成函数公式。

假设财务人员正在处理一张包含数百个产品销售收入数据的表格,现在需要按地区对销售额进行汇总分析。此时应该使用什么函数公式呢?公式怎么写呢?

❶智能体推荐函数

通义里有专门的函数类智能体,在"发现智能体"页面的搜索框里输入"函数",就能找到相关智能体,如图 5-1 所示。

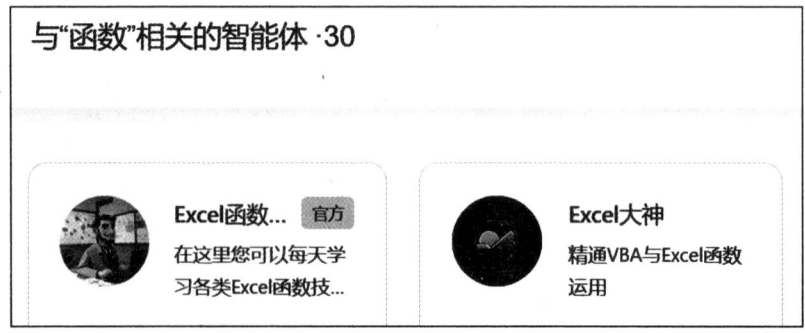

图 5-1 通义中与函数相关的智能体搜索结果

我们随机打开一个，比如"Excel 大神"，点开后，向其提问："我正在处理一张包含数百个产品销售收入数据的表格，现在需要按地区对销售额进行汇总分析，应该使用什么函数公式呢？"

通义的回答如图 5-2 所示。

了解了，对于按条件汇总数据，推荐使用 SUMIF 和 SUMIFS 函数。

　　SUMIF 函数用于对满足单个条件的单元格求和。

　　SUMIFS 函数用于对满足多个条件的单元格求和，可以设置多个条件区域和条件。

这两个函数都能帮助你根据不同的地区对销售额进行汇总。

图 5-2 通义推荐适合的函数公式

这里介绍了两种匹配当前场景的函数，随机选择一种来解决问题即可。

❷智能体生成函数公式

了解了应用的函数后，如果不知道具体的公式怎么编写，可以对表格内容进行描述，并向通义提问："应用 SUMIF 函数按地区对销售额进行汇总计算，地区在 E 列，销售收入在 C 列，公式是什么？"

为了进一步让通义明白表格的数据位置，也可以直接将表格上传给通义作为附加材料。一个更简便的操作是选中表格数据区域，点击"复制"，然后在通义对话框中进行粘贴，这样也能将表格数据上传成功。

通义经过分析后，会给出具体的函数公式，如图 5-3 所示。

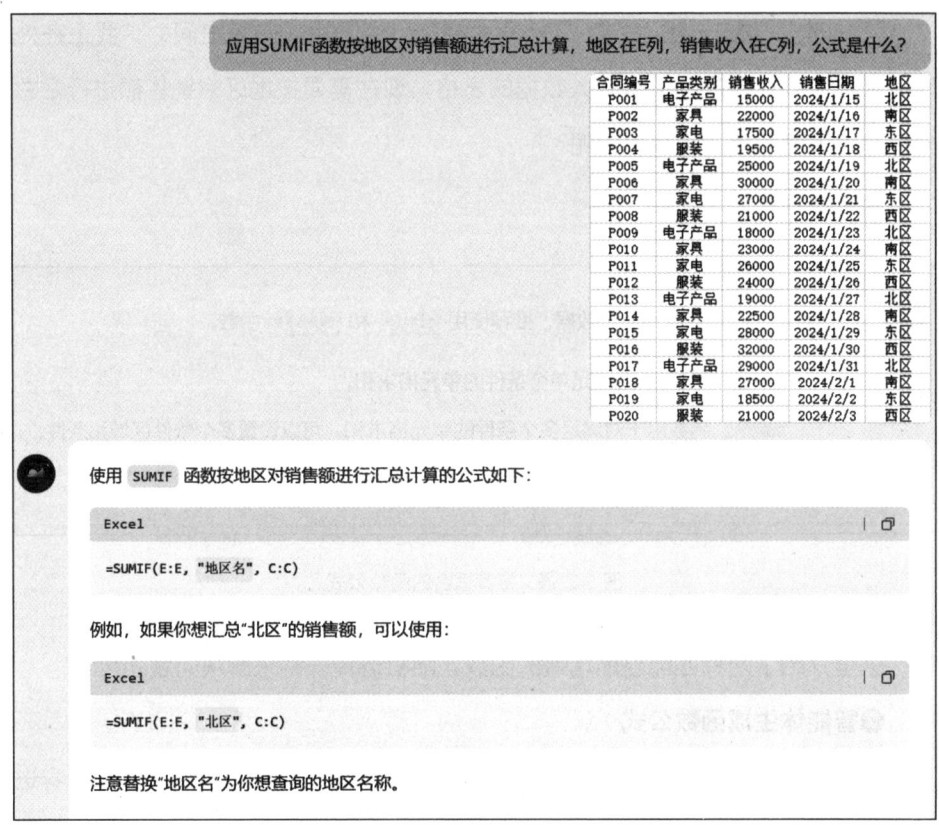

图 5-3 通义根据要求生成函数公式

❸在对应单元格中输入函数公式

如果想汇总"北区"的销售额,只需要复制通义给出的第二个公式到对应的单元格中即可。

现在打开 WPS 表格,在数据统计单元格中输入公式,来看看结果如何,如图 5-4 所示。

B	C	D	E	F	G	H
					fx =SUMIF(E:E,"北区",C:C)	
产品类别	销售收入	销售日期	地区		各地区销售收入汇总	
电子产品	15000	2024/1/15	北区		北区	106000
家具	22000	2024/1/16	南区		南区	
家电	17500	2024/1/17	东区		东区	
服装	19500	2024/1/18	西区		西区	
电子产品	25000	2024/1/19	北区			

图 5-4 SUMIF 函数公式输入结果

北区的销售收入汇总结果已经呈现了出来。如果想继续汇总其他区，只需要将公式中的"北区"，换成"南区""东区"或"西区"即可。

【演示 2】 多变量分析中的嵌套函数和数组公式

在财务分析中，往往需要同时处理多个变量，这就要求使用更加复杂的嵌套函数和数组公式。

嵌套函数是指将一个函数嵌入到另一个函数中，逐层处理数据。而数组公式也是一种强大的公式类型，可以一次性对一组数据（即数组）进行多次运算，并返回一个或多个结果。两者的主要区别在于处理方式。嵌套函数更多是线性、逐层的处理，适合用于简单的逻辑判断；而数组公式则可以一次性处理复杂的、多条件的计算任务，更适合用于大规模数据的计算和分析。因此，相比之下，数组公式比嵌套函数更灵活，也更适合多条件、多区域的数据分析。

不过，复杂的嵌套函数和数组公式不是那么容易理解的，在使用过程中一点小失误都会导致失败。此时可以应用 AI 工具解决问题。

继续之前的例子，假设财务人员不仅需要按地区对销售额进行汇总，还需要根据销售日期和产品类别同时进行分析。这时，使用单一的 SUMIF 函数就不足以满足需求了，必须借助更加复杂的嵌套函数和数组公式来处理多个条件。

在这种多变量的情况下，AI 工具可以自动推荐适合的嵌套函数和数组公式。财务人员只需要复制表格数据粘贴给通义，并提问："我想要统计表中销售收入大于 20000 元的合同数量，但如果产品类别是家具，则只统计销售日期在 2024 年 1 月 20 日之后的合同。"

通义智能体给出嵌套函数公式如图 5-5 所示。

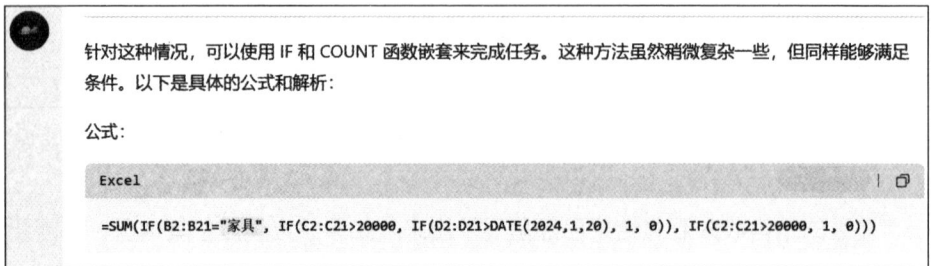

图 5-5 通义根据要求生成嵌套函数公式

当然，也可以让通义智能体生成数组公式，如图 5-6 所示。

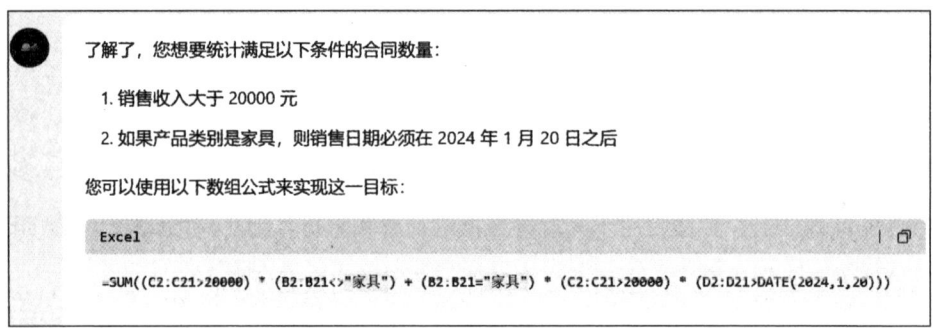

图 5-6 通义根据要求生成数组公式

这两种方法都能完成案例中的统计任务，以下是两个公式的输入结果，如图 5-7 所示。

	A	B	C	D	E	F	G
1	合同编号	产品类别	销售收入	销售日期	地区		各地区销售
2	P001	电子产品	15000	2024/1/15	北区		北区
3	P002	家具	22000	2024/1/14	南区		南区
4	P003	家电	17500	2024/1/17	东区		东区
5	P004	服装	19500	2024/1/18	西区		西区
6	P005	电子产品	25000	2024/1/12	北区		
7	P006	家具	30000	2024/1/20	南区		
8	P007	家电	27000	2024/1/21	东区		统计任务
9	P008	服装	21000	2024/1/22	西区		12
10	P009	电子产品	18000	2024/1/20	北区		12

G9 =SUM(IF(B2:B21="家具",IF(C2:C21>2000

图 5-7 嵌套函数和数组公式输入结果

两者的结果是一样的，都是 12。可见，尽管嵌套函数和数组公式两者的结构和复杂度有所不同，但在解决多条件的统计任务时，它们都能达到同样的准确结果。利用 AI 工具，财务人员可以轻松应对复杂的公式编写任务。

5.2 巧用 AI 快速筛选数据

数据筛选对财务人员来说是再熟悉不过的操作了，几乎每天都要用表格的筛选功能来处理大量信息。而当面对多条件的复杂筛选，或者为了呈现良好报告效果时，手动筛选往往显得力不从心。这时候就要用到数据透视表了。但数据透视表对很多人来说，应用起来并不那么熟练。这种情况下，AI 工具就成为不可或缺的帮手，能够帮助财务人员快速、精准地完成筛选任务，指导财务人员完成数据透视表和切片器的插入，让复杂的筛选变得轻松高效。

下面以通义和 WPS 为例，演示如何巧用 AI 快速筛选数据。

【演示 1】 AI 工具直接筛选表格数据

其实，AI 工具本身就拥有数据筛选的功能，如果筛选任务不大，或者需要筛选的内容文档格式多样，可以直接让 AI 工具来完成筛选任务，财务人员最后进行结果审核即可。

假设这里有一张公司全年的产品销售记录的表格，现在需要筛选出所有销售额超过 20000 元，产品类别为"家电"，且客户评分不低于 4 的记录，列成一个新的表格。

如此多的筛选条件，手动筛选也要费一番功夫，因为单就销售额超过 20000 元这一条，就不是好选择的，那么可以直接父由通义米看看完成效果。

❶上传或复制数据

打开通义主页，新建一个对话，将准备好的销售记录表格复制到通义的对话框，或者直接上传完整的表格文件。然后向通义描述筛选需求，就能得到通义的答复，如图 5-8 所示。

第 5 章 数据分析：AI 驱动财务分析的应用技巧

图 5-8 通义筛选销售数据

在这个回答中，合同编号 P046 的记录明显不符合"客户评分大于等于 4"的条件，却在结果中列出，虽然解释了原因，但增加了阅读负担。不过，其他数据的筛选结果都完全正确，没有遗漏，算是基本合格。

除了从表格中筛选数据外，通义也能直接从文本文档中筛选信息。比如一些财务数据可能存在于合同、邮件或报告等文本中，而这些数据没有标准的表格格式。这时，也可以将文档内容发送给通义，让它进行筛选。

比如有一批合同文档，里面有需要筛选的金额、日期和客户名称。只需要将这些合同文档文本形式整理好上传至通义。在通义的对话框中输入："从这些合同中提取金额大于 100000 元的记录，并筛选出交易日期在 2024 年 7 月之后的合同。"通义也会快速分析文本内容，找到符合条件的数据。

109

❷将筛选出的数据列成表格

只是筛选出数据还不算最终结果,我们想要的是直接将符合条件的数据列成表格,用于提交任务。

所以,继续向通义要求:"将符合条件的销售记录列成表格。"可以得到以下回复,如图5-9所示。

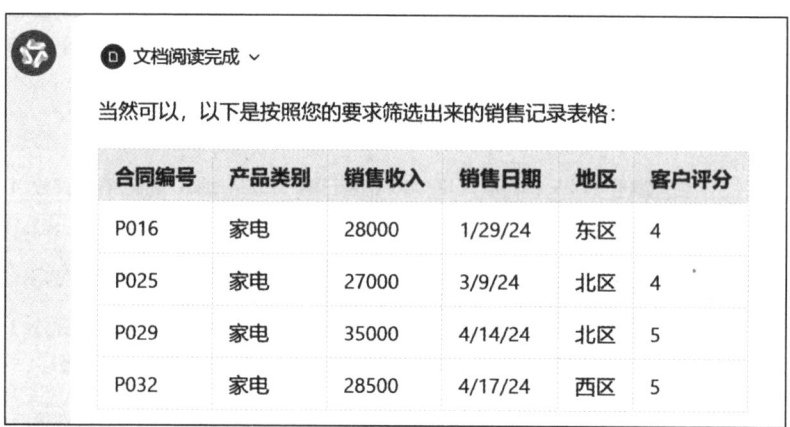

图5-9 通义将符合条件的销售记录列成表格

❸将筛选出的数据保存到本地

复制表格内容,然后在WPS中新建一个表格文档,选中任意单元格后,点击粘贴,最后保存文档。符合条件的销售记录就自动保存在电脑上了。

【演示02】 利用数据透视表和切片器进行筛选

数据透视表是一种非常实用且功能强大的数据分析工具,能够帮助用户从大量数据中快速提炼出关键信息。通过数据透视表,用户可以根据不同维度对数据进行灵活的分类、汇总和筛选,展示出数据的各种趋势和模式。

不仅如此,数据透视表还有一个非常强大的功能——切片器。切片器是一种可视化筛选工具,能够帮助你迅速完成不同维度的数据筛选任务。该功能特别适合用于汇报或展示数据时的交互式分析。比如在一次销售会议中,管理者可以通过切片器快速切换不同地区和产品类别的销售表现,直观地看到数据的变化趋势,帮助他们做出更快、更精准的决策。不过，很多人对插入数据透视表和切片器的操作不是那么熟练，通义对此可以提供协助。以下是具体操作：

❶向通义提问数据透视表插入步骤

将准备好的销售记录表格复制到通义的对话框，或者直接上传完整的表格文件。然后要求通义："请指导我为该 WPS 表格插入数据透视表，用来统计不同产品类别、不同销售地区的销售收入。"

通义的回答如图 5-10 所示。

图 5-10 通义给出数据透视表插入步骤

通义给出了 WPS 表格中数据透视表详细的插入步骤，下面需要打开原始表格按步骤操作。

❷插入数据透视表

打开原始表格，首先确认数据格式是否正确。确保表格中每列都有标题（如"产品类别""销售收入""地区"等），这一步非常关键，因为数据透视表的字段是基于标题行自动生成的。

然后按照通义的指导步骤，在 WPS 表格中插入数据透视表即可。最后的效果如图 5-11 所示。

	A	B	C	D
1	产品类别	地区	求和项:销售收入	
2	⊟电子产品		297000	
3		北区	106000	
4		东区	24000	
5		南区	56500	
6		西区	110500	
7	⊟服装		317000	
8		东区	148000	
9		南区	51500	
10		西区	117500	
11	⊟家电		387000	
12		北区	62000	
13		东区	142000	
14		南区	122500	
15		西区	60500	
16	⊟家具		316000	
17		北区	163500	
18		南区	124500	
19		西区	28000	
20	总计		1317000	

图 5-11 按照通义指导插入的数据透视表

很明显，虽然数据透视表完成了数据的汇总统计任务，但是将地区作为产品类别的子级别进行显示，不符合人们日常的浏览习惯。对此，可以将数据透视表复制给通义，要求其进行修改完善。

通义给出的解决方案如图 5-12 所示。

> 好的,我明白了。以下是您所需的答案:
>
> 要修改数据透视表字段设置,请遵循以下简单步骤:
>
> 在数据透视表字段窗格中,将"产品类别"拖到行标签区域。
>
> 同样,将"地区"拖到列标签区域。
>
> 这样,数据透视表将按照产品类别进行行分类,按照地区进行列分类。

图 5-12 修改数据透视表的方案

按照通义的办法将"地区"拖到列标签区域后,数据透视表一下子发生了变化,如图 5-13 所示

	A	B	C	D	E	F
1	求和项:销售收入	地区				
2	产品类别	北区	东区	南区	西区	总计
3	电子产品	106000	24000	56500	110500	297000
4	服装		148000	51500	117500	317000
5	家电	62000	142000	122500	60500	387000
6	家具	163500		124500	28000	316000
7	总计	331500	314000	355000	316500	1317000

图 5-13 修改后的数据透视表

可见,AI 工具也不一定每次都能给出完美的解决方案,需要人工进行引导,相互合作,从而高效完成任务。

❸添加切片器

如果想要更加灵活地筛选和调整展示结果,可以添加切片器。选中数据透视表,就能找到"插入切片器"按钮,选择想要筛选的字段,比如"地区"或"产品类别"。

插入后,切片器会出现在数据透视表旁边(如图 5-14 所示),通过点击切片器中的按钮,数据透视表的内容将动态更新,非常适合快速进行不同维度的分析。

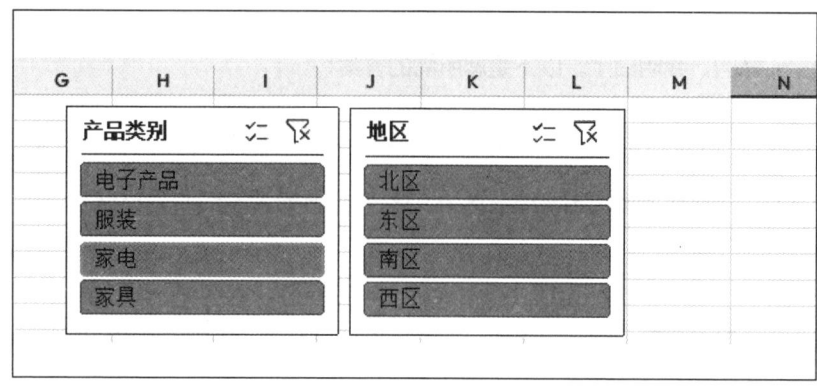

图 5-14 数据透视表的切片器

❹**数据透视表和切片器的筛选效果展示**

当数据透视表和切片器都插入完成,就可以进行数据筛选了。用户只需要点击切片器中的某个维度,数据透视表会立即更新,只显示符合该筛选条件的汇总结果。

比如,想查看南区的家具产品销售情况,只需点击"南区"和"家具"选项,数据透视表会进一步筛选,只展示相关数据(如图 5-15 所示)。

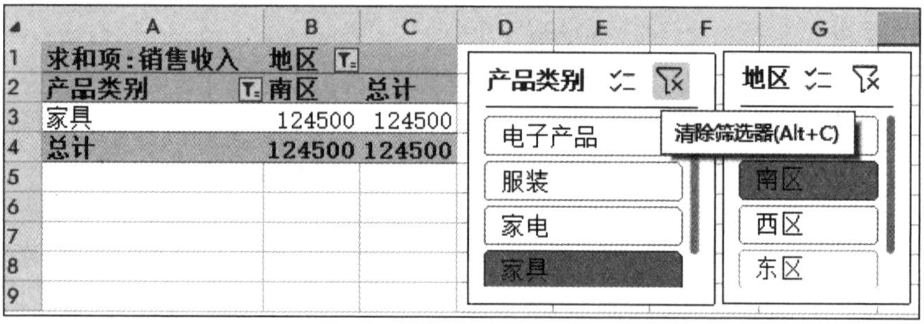

图 5-15 数据透视表和切片器的筛选效果展示

此外,如果用户想一次清除多个筛选条件,也只需点击切片器中的"清除筛选器"按钮,即可恢复数据透视表的原始全局数据展示。

这种无缝的动态筛选方式,使得数据透视表不仅具备了强大的分析能力,还兼具了灵活的可操作性,让财务数据分析变得更加简单和高效。

5.3 财务指标计算与自定义

财务指标是企业健康状况的晴雨表，揭示了公司的运营效率、盈利能力、资本结构等关键信息。不过，这些指标背后的计算过程并不像表面看起来那样简单。复杂的财务数据交织在一起，涉及多种业务维度，单靠手工计算和现有工具，财务人员很容易陷入繁杂的公式和庞大的数据表格中，疲于应对这些技术细节，反而忽视了财务指标真正要传递的深层信息。更棘手的是，随着业务变化和市场波动，常规的财务指标无法及时反映出企业的实际情况。在这种背景下，AI 工具的出现，带来了全新的计算方式，不仅能快速、精确地计算常规财务指标，还能根据企业情况自定义指标，让企业数据分析更加贴近真实情况。

【演示 1】 常规财务指标计算

财务指标的计算是财务工作中最常见的操作之一，涉及如资产负债率、流动比率和净利润率等基础指标。AI 工具如通义，能够自动完成这些指标的计算。

假设这里有一份 XX 公司 202X 年的资产负债表，接下来我们将通过通义进行偿债能力指标的计算：

打开通义，将资产负债表数据文件上传，或直接将表格内容复制到通义的对话框中。然后要求通义根据表格计算该公司的偿债能力指标如资产负债率和流动比率等。结果如图 5-16 所示。

通义在读取资产负债表后，几秒钟内就生成了详细的计算结果，不仅计算了资产负债率和流动比率，还计算了速动比率。如果需要的话，财务人员可以将这些结果直接复制到报告中，轻松完成烦琐的财务指标计算工作。

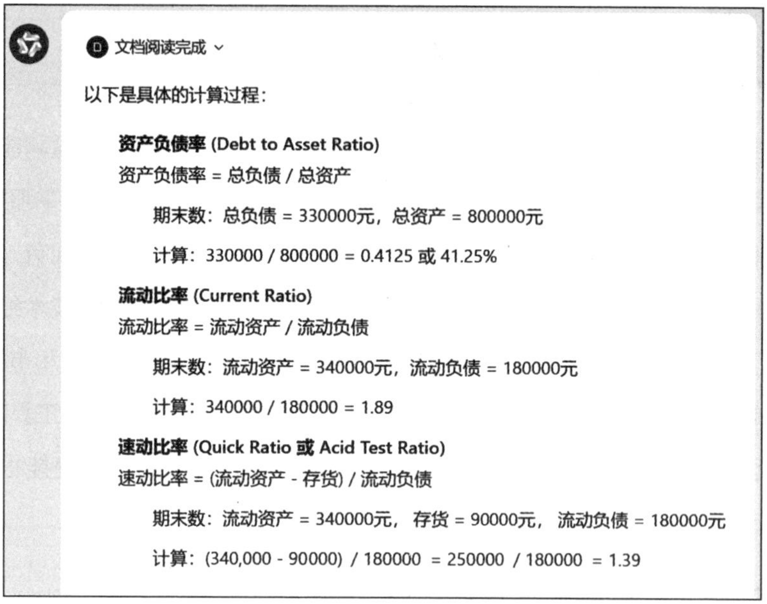

图 5-16 通义计算公司偿债能力指标

【演示 2】 自定义财务指标

不同行业、不同企业的财务分析标准各异，常规的通用指标有时并不能满足企业的特定需求，因此设计一些指标来解决公司特定场景下的问题。通义能够根据企业的行业特性，协助财务人员创建自定义的财务指标。

假设有家公司以技术创新为核心，频繁投资研发新项目。单单依靠传统的投资回报率（ROI）并不足以反映这些项目的真实贡献，特别是项目风险、周期长短和现金流的不确定性。因此，需要设计一个"创新项目投资回报加权指标"，以更加精细地衡量每个项目的价值贡献，并结合风险和周期进行加权计算。公司期望该指标可以帮助企业评估其创新项目的资金使用效率，并结合项目风险、项目周期、现金流等因素来进行多维度的衡量。

❶ 自定义财务指标

创新项目的回报不只是看最终的资金回报，而是需要将项目的风险、周期长度和现金流稳定性等因素综合考虑。这个指标如何创建，可以向通义寻求建议，如图 5-17 所示。

> 创建一个"创新项目投资回报加权指标"确实能够帮助更全面地评估项目的整体价值。这个指标可以基于传统的ROI进行扩展，加入对风险、项目周期以及现金流稳定性的考量。以下是一个可能的公式框架：
>
> $$WROI = \frac{NPV_{adj}}{I} \times \left(1 + \frac{R}{100}\right) \times \left(\frac{1}{T^\alpha}\right) \times CF_{score}$$
>
> 其中：
>
> NPV_{adj} 是调整后的净现值，即考虑了所有未来现金流入和流出后折现到现在的价值，可以使用公司的加权平均资本成本（WACC）作为折现率。
>
> I 是项目的初始投资额。
>
> R 是项目的风险评分，通常以百分比形式表示，用来量化项目面临的风险水平。风险越高，R的值越大，这会导致WROI增加，从而在高风险项目中给予更高的权重。
>
> T 是项目的预计完成时间或周期长度，以年为单位。这里使用 T^α 来体现时间对项目价值的影响，α 是一个可调参数，用来调整时间对WROI影响的程度。一般情况下，项目周期越长，α 可能设置得更高，以体现长期项目的时间价值损失。
>
> CF_{score} 是现金流稳定性评分，用来评估项目预期现金流的稳定性和可靠性。它可以是一个从0到1之间的数值，其中1表示非常稳定的现金流，而接近0的值则表示现金流高度不稳定。

图 5-17 通义编写创新项目投资回报加权指标公式

这个公式结合了传统的财务指标（如净现值 NPV）与非传统因素（如风险、项目周期、现金流稳定性），是通义根据用户输入的需求，编写出来的一个概念性框架，其有效性和适用性还没有得到验证，此处仅作为功能演示。

如果用户打算在实际工作中采用类似的概念，建议先在小范围内进行测试，然后根据反馈逐步优化和完善。同时，也可以参考已有的文献和案例研究，看看其他公司在类似领域是如何处理这些问题的。

❷收集相关数据交给通义进行计算

假设上述指标得到了公司的认可，接下来就需要收集相关数据。包括公司在项目执行期间的累计现金流入和流出；为每个项目设定的风险评分；项目的预计开发周期,即从开始研发到最终实现商业回报的时间等。

将以上数据导入通义中,输入指令:"请按照上述公式,帮我计算公司 202X 年创新项目投资回报加权指标。项目数据在 A 列,风险调整系数在 B 列,周期加权系数在 C 列。"

通义会根据每个项目的现金流、风险评估和项目周期,自动计算出加权后的回报指标,如图 5-18 所示。

好的,我们直接计算项目1的WROI。

$NPV_{adj} = 100,000$

$I = 50,000$

$R = 10$

$T^\alpha = 1.5$

$CF_{score} = 0.9$

使用公式:
$WROI = \frac{NPV_{adj}}{I} \times (1 + \frac{R}{100}) \times (\frac{1}{T^\alpha}) \times CF_{score}$

计算步骤:

基础ROI: $\frac{100000}{50000} = 2.0$

风险调整后的ROI: $2.0 \times 1.1 = 2.2$

周期加权后的ROI: $2.2 \times \frac{1}{1.5} = 1.4667$

最终WROI: $1.4667 \times 0.9 = 1.32$

项目1的WROI为 **1.32**。

图 5-18 通义计算项目 1 创新项目投资回报加权指标

如果需要还可以继续计算项目 2、项目 3 的创新项目投资回报加权指标。

5.4 AI 深度分析财务指标

当财务人员面对众多指标时，常常陷入数据的表面逻辑，忽视了更为复杂的因果关系。例如，毛利率的上升是否意味着业务健康？净利润率的下降是否就是亏损的前兆？这些问题的答案并不总是显而易见。尤其是在业务复杂、市场环境多变的情况下，财务指标之间的关联性和解读的深度往往超出了传统分析的能力范畴。这就是 AI 工具如通义大展身手的地方，它不仅能解释这些数字，更能从企业的整体运营与市场环境出发，提供深层次的解读，帮助企业看清财务指标背后的故事。

【演示 1】 常规指标结果解读

在前面一节中，通义对 XX 公司 202X 年的偿债能力指标进行了计算，得出了资产负债率、流动比率等关键指标，为财务人员提供了企业在偿债能力上的初步分析框架。不过，像通义这样的 AI 工具，不仅能计算财务指标，也能对指标结果进行深度分析，比如要求其对 XX 公司 202X 年的资产负债率和流动比率结果进行深度分析，结果如图 5-19 所示。

这个回答针对资产负债率和流动比率给出了数值解读，并且提到了财务风险和经营效率等内容。不过，由于提供的资料有限，通义的回答相对表面化，缺少对公司背景、历史数据和多指标之间关联性的深度挖掘。

因此，如果想要更加深入的分析结果，还需要财务人员提供更多资料，并进一步地提问。比如，让通义回答资产负债率较高可能的原因是什么，或者让通义评估当前的债务结构是否合理。

图 5-19 通义分析资产负债率和流动比率指标

【演示 2】 历史数据解读与趋势分析

单一指标的解读往往是片面的，比如仅仅依靠一年的资产负债率数据，很难全面判断公司的偿债能力。因此，结合历史数据进行趋势分析，能为财务人员提供更深入的洞察。

仍以 XX 公司为例，对比 XX 公司 202X 年期初与期末资产负债率的变化，并解读未来趋势，通义对此的分析结果如图 5-20 所示。

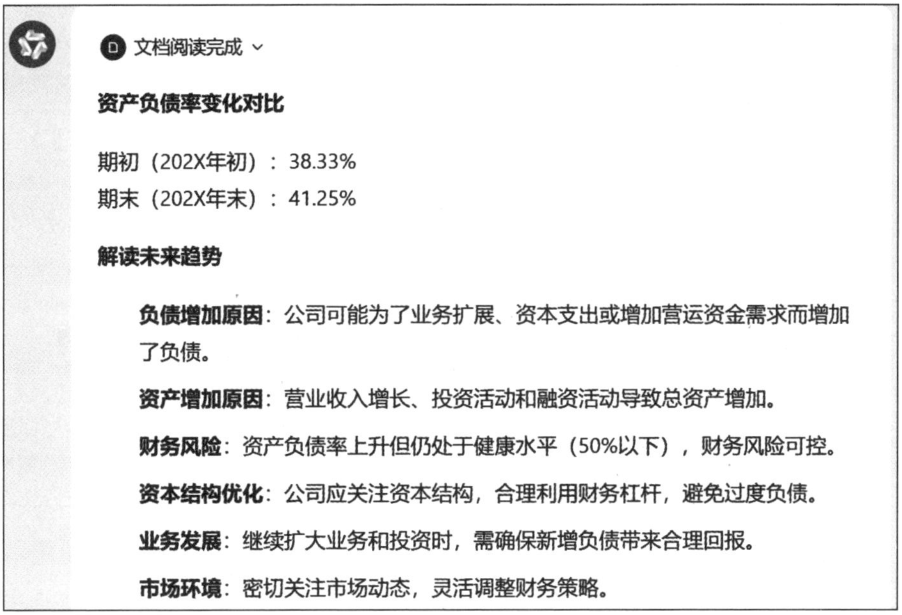

图 5-20 通义解读 ×× 公司 202× 年期初与期末的资产负债率

这个回答提供了较为详细的资产负债率趋势解读，结合了财务分析中的一般标准，指出了公司年内资产负债率上升的原因，并评估当前资产负债率的健康水平，特别给出了 50% 这一健康水平临界值的警示。

【演示 3】 数据交互与指标关联分析

财务指标往往不是孤立存在的，它们之间充满了相互作用和影响。一个指标本身的变化可能并不能完全说明问题，而是需要与其他指标综合分析，才能得出更有深度的财务见解。例如，资产负债率上升并不一定意味着财务风险增加，可能是因为公司通过债务融资获得了更高的投资回报。因此，我们需要将多个财务指标结合起来进行对比分析，从而得到更加全面的解读。

比如，在之前的分析中，我们只对 XX 公司的偿债能力指标进行了分析，如果继续将 XX 公司的利润表和现金流量表上传给通义，进行营运能力指标、盈利能力、发展能力指标的计算，然后让通义综合分析 XX 公司的财务状况，就能得到更加全面的交互分析，如图 5-21 所示。

文档阅读完成

明白了，以下是基于各项财务比率的数据支撑，对XX公司财务状况的综合结论：

综合结论

XX公司在202X年的财务状况总体表现良好，具体表现在以下几个方面：

(1). **财务稳健性和偿债能力**：

流动比率 (1.89) 和 **速动比率** (1.39) 均高于1，表明公司具有较强的短期偿债能力，能够在需要时迅速变现流动资产来偿还短期债务。

资产负债率 (41%) 较低，说明公司的负债水平相对较低，财务风险较小，财务结构稳健，能够有效抵御市场波动带来的冲击。

(2). **高效的资产管理和营运能力**：

存货周转率 (3.33) 表明公司能够有效地管理和转化存货，减少资金占用，提高资金使用效率。

应收账款周转率 (5.00) 较高，说明公司能够及时收回账款，减少坏账风险，加速资金回笼，提高运营效率。

(3). **强大的盈利能力和高效的经营管理**：

净利润率 (19.2%) 和 **营业利润率** (25%) 均较高，表明公司在扣除所有成本和费用后仍能保持较高的利润水平，主营业务盈利能力强，经营效率高。

(4). **显著的成长潜力**：

营业收入增长率 (25%) 和 **净利润增长率** (38.37%) 均较高，显示公司不仅在扩大业务规模方面取得了显著进展，而且在提高效益方面也表现出色，未来发展前景良好。

综合来看：

XX公司在202X年展现了良好的财务健康状况和较强的市场竞争力。公司的财务结构稳健，短期偿债能力强，资产管理和营运效率高，盈利能力强，且成长潜力大。这些数据表明XX公司在当前市场环境下具有较强的抗风险能力和可持续发展的潜力。未来，公司应继续关注市场动态，优化内部管理，以维持和提升其竞争优势。

图 5-21 通义综合分析公司财务状况

通过这个回答，不难发现，像通义一样的 AI 工具，确实能够基于公司的财务指标，完成一些基础的财务分析任务，而且整个过程只需要短短的几秒钟，大幅提升了财务分析的效率。

【演示 4】 不同项目指标对比分析

AI 工具在深度分析财务指标方面的功能，还可以应用于不同项目指标对比分析上。比如前一节自定义指标中，假设 XX 公司有多个项目，可以让通义对比三个不同项目的创新项目投资回报加权指标，并给出综合评价，如图 5-22 所示。

当然，我们可以对比分析一下这三个项目的WROI结果，以帮助您更好地理解每个项目的综合表现。

项目对比分析：

(1). **项目**3 的 WROI 为 1.6625，是三个项目中最高的。这主要得益于其较低的风险（5%）、较短的周期（1.2）和最高的现金流稳定性（0.95）。这些因素共同作用，使得项目3在综合回报上表现最佳。

(2). **项目**1 的 WROI 为 1.32，虽然低于项目3，但仍表现出良好的综合性能。项目1 的风险（10%）和周期（1.5）适中，且现金流稳定性（0.9）较好，使其在综合回报上具有较强的竞争力。

(3). **项目**2 的 WROI 为 0.92，是三个项目中最低的。这主要是因为项目2的风险较高（15%），周期较长（2.0），且现金流稳定性较低（0.8）。这些不利因素显著降低了其综合回报。

综合评价：

项目3 是最佳选择，因其低风险、短周期和高现金流稳定性，提供了最高的综合回报。

项目1 次之，尽管风险和周期适中，但其综合回报仍然较为可观。

项目2 表现最差，高风险、长周期和低现金流稳定性使其综合回报最低，投资吸引力较低。

图 5-22 通义对比不同项目指标

通义通过对 WROI 的详细比较，明确指出了每个项目的优劣。项目 3 由于低风险、短周期和高现金流稳定性而获得最高的 WROI，这让它成为最佳选择，项目 1 则次之。这种分析可以帮助财务人员更好地理解各项目的表现。

5.5 财务异常数据识别与原因查找

在财务管理中,发现异常数据是确保财务健康和防止风险的重要环节。异常数据不仅可能影响财务报表的准确性,还可能隐含着某些业务或操作流程中的潜在问题。手动识别这些异常数据往往费时费力,而且容易因为人眼的疏忽漏掉关键点。正因如此,财务人员面临的挑战是如何快速、精准地发现这些隐藏的异常数据,并追溯其背后的原因。AI 工具的引入,可以自动化识别财务数据中的异常情况,提供实时预警,并通过分析历史数据和趋势,帮助财务人员准确定位问题的根源。

下面以通义为例,演示 AI 工具在财务异常数据识别与原因查找方面的应用技巧。

【演示 01】 异常库存变动的识别与分析

库存管理是企业运营中的关键环节,过多或过少的库存都会带来潜在风险。而库存数据的异常变动可能意味着管理不善或市场需求变化。

这里有一份包含每种产品的库存数量、入库日期、出库日期、产品类别和库存成本等信息的库存管理明细表,记录了最近几个月的库存变化情况。只需要打开通义对话框,点击"上传文档",将库存管理明细表上传至通义的分析平台。

然后直接要求通义识别库存数据中的异常变动。例如:"请帮我筛选出最近两个月没有发生出库操作的产品,这可能意味着滞销或库存积压。"

通义的回答如图 5-23 所示。

> 经过筛选,以下产品在这段时间内没有发生过出库操作,可能表明这些产品存在滞销或库存积压的情况:
>
> **P1009 服装 库存数量: 346 入库日期: 3/3/24 最近出库日期: 8/4/24**
>
> **P1043 家具 库存数量: 125 入库日期: 5/28/24 最近出库日期: 7/24/24**
>
> 这些产品在2024年8月14日至2024年10月14日这段时间内没有发生过任何出库操作,建议您关注这些产品的销售情况,考虑采取适当的措施来促进销售或调整库存。

图 5-23 通义识别异常库存数据

通义已经根据历史库存数据自动对比每个产品类别的库存变化，找到超过两个月没有出库操作的产品。

识别出来之后，财务人员可以继续提问："对这两笔异常数据进行分析，找出滞销或库存积压可能的原因，并给出管理建议。"

通义对于第一条 P1009 异常库存数据的分析如图 5-24 所示。

图 5-24 通义查找异常库存可能的原因并给出管理建议

完成分析后，财务人员可以导出通义生成的库存异常分析报告和调整建议，保存到本地电脑，供后续团队讨论或提交给管理层审批。

【演示 02】 自动标记异常费用支出

除了收入波动，企业的费用支出也常常会出现异常。例如，某个部门的费用突然增加，或者出现不合规的报销等。这些情况都可能预示着管理漏洞或业务不当。通义可以帮助自动标记这些异常支出。

在前面章节中，我们演示过如何利用通义创建一个智能体，专门用于回答公司费用报销方面的问题，减轻财务人员重复解释的工作。但其实，这个智能体不只能用于回答财务报销方面的问题，还能用于识别不符合报销规定的费用。

以差旅费报销为例，在之前的演示中，我们已经为"财务报销小助手"这个智能体上传了公司完整的《差旅费报销标准》，下面来演示如何让其识别出不符合费用报销标准的差旅费。

❶打开"财务报销小助手"

打开通义首页的"智能体"，点击"我的智能体"，就能找到"财务报销小助手"，进入对话页面。

❷上传差旅费报销明细表

可以看到，"财务报销小助手"对话输入框的左侧并没有上传文件的按钮，不过这并不妨碍我们执行操作，因为费用报销明细表可以通过复制粘贴的方式上传到"财务报销小助手"的对话框中。只需要打开表格，复制数据表，在对话框中粘贴即可。

❸向通义发送指令

直接输入指令："找到不符合报销标准的差旅费报销明细"。通义就会自动根据《差旅费报销标准》找到异常费用数据，如图 5-25 所示。

该回答完全符合公司的《差旅费报销标准》，明确指出了超出标准的原因。这种回答方式有别于网络上常见的一般性解释，直接引用了公司的标准，并一一对比出差天数、住宿费用与规定，因而更具实用性和针对性，在实际工作中，对财务人员的工作帮助性也更大。

根据您提供的信息，我注意到以下几点：

1. 报销单号P0007中的住宿费为602元，超过了公司规定的财务部职级5级的住宿费上限600元。

以上一项不符合公司的差旅费报销标准，请及时进行调整或与相关部门沟通确认。同时，建议您定期检查并更新公司的差旅费报销政策以确保符合最新规定。

图 5-25 通义识别异常差旅费支出

【演示 3】 预算执行偏差识别与原因查找

在财务管理中，预算执行偏差是一个重要的监控点。如果企业的实际支出大幅超出预算，不仅会影响财务报表的准确性，还可能导致现金流出现问题。但是一定范围内的短暂超出有时又是合理的，这中间的"度"需要财务人员自行把握，工作效率较低。而通过 AI 工具，预算执行偏差的识别和分析可以变得更加智能化和高效。

❶上传预算与实际支出数据并定义分析需求

财务人员首先需要将公司的预算和实际支出数据整理好，通过通义对话框，点击"上传文档"。

在对话框中输入具体的分析需求。比如："请帮我分析 202X 年各部门预算与实际支出数据，识别超过预算 10% 以上的部门或项目。"通义会自动读取表格中的数据，并开始对比预算与实际支出，计算偏差。

❷生成偏差报告

几秒钟内，通义会生成一个偏差报告，列出超出预算的部门或项目，以及超支的百分比，如图 5-26 所示。

> 📄 文档阅读完成 ∨
>
> 好的,根据您的要求,以下是超过预算10%以上的部门或项目的具体分析结果:
>
> (1). **营销部**
>
>   　　广告投放:预算200000元,实际支出225000元,超出预算比例为12.5%。
>
>   　　品牌推广:预算150000元,实际支出210000元,超出预算比例为40%。
>
> (2). **研发部**
>
>   　　外包服务:预算150000元,实际支出180000元,超出预算比例为20%。
>
> (3). **销售部**
>
>   　　客户管理:预算200000元,实际支出250000元,超出预算比例为25%。
>
> (4). **采购部**
>
>   　　原材料采购:预算200000元,实际支出240000元,超出预算比例为20%。
>
>   　　设备维护:预算120000元,实际支出140000元,超出预算比例为16.67%。
>
>   　　物流运输:预算80000元,实际支出90000元,超出预算比例为12.5%。
>
> (5). **人力资源部**
>
>   　　培训:预算50000元,实际支出60000元,超出预算比例为20%。

图 5-26 通义识别预算偏差

❸ **查找超支原因**

为了更深入了解超支的原因,财务人员可以继续要求通义分析预算偏差。例如,输入:"请分析超支原因。"通义将基于现有数据进行原因分析,如图 5-27 所示。

> 📄 文档阅读完成 ∨
>
> 要综合分析各个部门或项目超支的原因,虽然没有直接的数据或信息来明确指出超支的具体原因,但可以根据常见的业务情况和逻辑进行推测。以下是对各超支项目的可能原因分析:
>
> (1). **营销部**

> **广告投放**：可能是因为市场竞争加剧，需要增加广告投入以保持竞争力；或者广告渠道的成本上升导致实际支出超出预期。
>
> **品牌推广**：品牌活动的实际执行可能比计划更加复杂，或者为了达到更好的效果而增加了额外的投入，如增加了线下活动、赞助等。
>
> (2).**研发部**
>
> **外包服务**：外包服务成本的增加可能是由于市场需求的变化导致服务供应商提高了价格，或者是项目复杂度增加，需要更多的专业服务支持。
>
> (3).**销售部**
>
> **客户管理**：客户管理成本超支可能是因为增加了客户关系管理系统的投入，或是为了提高客户满意度而增加了客户服务人员或服务频次。
>
> (4).**采购部**
>
> **原材料采购**：原材料价格波动是常见原因，特别是在全球供应链不稳定的情况下，原材料价格可能会突然上涨。
>
> **设备维护**：可能遇到了意外的设备故障或老化问题，需要额外的维修或更换部件，导致成本上升。
>
> **物流运输**：物流成本的增加可能与运输成本的普遍上涨有关，比如燃油价格上涨，或是因应紧急需求而使用了更贵的运输方式。
>
> (5).**人力资源部**
>
> **培训**：培训成本超支可能是因为引入了新的培训项目或课程，或是为了提升员工技能而增加了外部培训资源的使用。

图 5-27 通义查找预算超支原因

在回答的最后，通义还给出了原因进一步查找的操作建议，帮助企业更好地控制财务风险。

❹**预算偏差调整与优化**

预算执行偏差一旦确认，财务人员还需要根据实际情况对预算进行调整，并采取措施确保后续的支出能够合理控制在预算范围内。通过通义，财务人员可以快速获得智能建议，并自动生成调整方案。

以销售部的预算执行偏差为例，如图 5-28 所示。

针对销售部预算超支的情况，可以采取以下几个步骤来调整和优化预算：

(1). **详细分析超支原因**

回顾过去几个周期的预算和实际支出数据，找出超支的主要原因，如客户管理成本增加、市场拓展力度加大等。

进行市场调研，了解行业内的销售成本变化趋势，确保预算调整符合市场实际情况。

(2). **设定明确的目标和KPIs**

确定每个销售团队或个人的销售目标，确保这些目标是可量化和可实现的。

设定具体的KPIs，如销售额、新客户数量、客户满意度等，以便评估销售活动的效果。

(3). **优化客户管理成本**

将客户分为不同类别（高价值客户、潜力客户、普通客户），提供差异化的服务和支持，避免资源浪费。

利用CRM系统提高客户管理效率，减少人工操作和错误。

优化客户沟通策略，通过低成本渠道（如电子邮件、社交媒体）与客户保持联系，减少面对面拜访的频率。

(4). **控制市场拓展成本**

将市场细分为多个子市场，优先选择最具潜力的市场进行拓展，避免全面铺开导致成本过高。

尝试不同的市场拓展渠道（如线上营销、合作伙伴关系、行业展会），并通过A/B测试找到最有效的渠道。

寻找合适的合作伙伴，共同分担市场拓展成本，扩大市场覆盖范围。

(5). **建立预算审批和监控机制**

建立严格的预算审批流程，确保每一笔支出都有明确的审批人和审批标准。

每月或每季度对销售预算进行审查，及时发现并解决超支问题。

确保预算和支出数据的透明化，让相关人员都能清楚地了解预算执行情况。

(6). **灵活应对市场变化**

制定应对市场变化的应急预案，如经济衰退、竞争对手活动等，确保预算调整能够迅速响应。

在预算制定时留出一定的弹性空间，以应对不可预见的市场变化。

图 5-28 通义给出预算偏差调整与优化建议

经过上述步骤，财务人员无须再依赖手动比对，只需要将烦琐的计算任务和偏差报告编写的工作交由 AI 工具完成，自己最后审核一遍即可。

5.6　AI 分析投资组合与决策建议

财务人员在日常工作中有时会参与投资管理任务，尤其是在企业需要评估资本使用效率或优化资金配置时。这样的任务常常涉及复杂的投资组合分析、风险评估以及收益预测等。AI 工具的引入，可以让财务人员快速分析市场数据、生成投资组合报告，甚至根据实时新闻或市场动向调整投资策略，减少人工数据处理的时间。

下面以通义为例，通过三个操作演示来说明如何使用 AI 工具进行投资组合分析、场景假设与模拟，以及投资策略建议。

【演示 1】 分析投资组合的收益与风险

如果企业的财务经理负责管理公司的投资基金，包含股票、债券、私募股权和现金储备。当前的组合如下：

40% 股票（主要为科技和医疗行业）

35% 债券（以公司债为主）

15% 私募股权（近期投资于初创企业）

10% 现金（为应对流动性需求）

需要评估当前的组合结构是否合理，并分析其潜在的收益和风险。

首先，要将投资组合的结构及收益假设输入到通义对话框中。假设股票的年化预期收益为 10%，债券为 3%，私募股权为 12%，现金为 0.5%。同时，还需要考虑到各类资产的风险波动（股票的波动率为 15%，债券为 5%，私募股权为 18%，现金风险接近 0%）。

然后要求通义分析当前投资组合的收益与风险。结果如图 5-29 所示。

通义通过加权计算，给出投资组合的整体预期收益率 6.9%，同时认为忽略了资产间的协方差，所以无法通过直接相加百分比的方式，来准确反映组合风险，但给出了较高风险的结论，有助于财务经理评估当前的组合结构是否合理，以便为未来一年的资产配置做出调整决策。

● 已完成搜索

根据您提供的投资组合结构及各部分的预期收益和风险数据,我们可以先计算这个投资组合的预期收益和整体风险(标准差)。以下是具体的分析步骤:

预期收益计算

股票: 40% * 10% = 4%

债券: 35% * 3% = 1.05%

私募股权: 15% * 12% = 1.8%

现金: 10% * 0.5% = 0.05%

将上述各项加总,可得投资组合的预期收益为:4% + 1.05% + 1.8% + 0.05% = 6.9%

风险(标准差)计算

计算投资组合的整体风险需要考虑各资产之间的相关性。但是,为了简化计算,在这里我们假设各资产之间的相关性为零,这意味着我们只需要按照权重加权各个资产的标准差。实际上,不同资产之间的正负相关性会对组合风险产生影响,因此这只是一个粗略的估计。

股票: 40% * 15% = 6%

债券: 35% * 5% = 1.75%

私募股权: 15% * 18% = 2.7%

现金: 10% * 0% ≈ 0%

由于直接相加这些百分比并不能准确反映组合风险(因为忽略了资产间的协方差),所以这里提供的是一个简化的近似值。如果要精确计算,我们需要知道股票、债券、私募股权和现金之间的相关系数,并使用投资组合方差的公式来计算。

不过,即使作为近似值,我们可以看出,由于股票和私募股权的较高波动性,它们对整个投资组合的风险贡献较大。

结论

收益: 您的投资组合预期年化收益约为6.9%,这高于无风险利率(现金的预期收益0.5%),反映了承担额外风险获得的溢价。

风险: 虽然无法给出一个精确的风险数值,但可以确定的是,由于股票和私募股权占比较大且具有较高的波动性,您的投资组合面临相对较高的市场风险。

图 5-29 通义分析投资组合的收益与风险

通义通过加权计算，给出投资组合的整体预期收益率6.9%，同时认为忽略了资产间的协方差，所以无法通过直接相加百分比的方式，来准确反映组合风险，但给出了较高风险的结论，有助于财务经理评估当前的组合结构是否合理，以便为未来一年的资产配置做出调整决策。

【演示2】场景假设与模拟

假设公司的投资组合保持不变，但担心未来几年经济可能进入高通胀时期，对不同资产类别产生不同的影响，可以希望通过通义来模拟这种高通胀场景下的投资组合表现，并调整策略以应对通胀风险。

❶设定假设情景：全球高通胀

向通义输入假设的市场情景，模拟全球高通胀环境下投资组合的表现。假设未来3年内，全球平均通胀率达到6%—7%，利率上升，物价快速上涨，消费支出受到影响。

然后要求通义分析当前的投资组合（40%科技和医疗行业股票，35%公司债券，15%初创企业私募股权，10%现金）在高通胀情景下的表现。

❷通义进行情景模拟分析

通义将基于高通胀情境下的经济表现，分析当前投资组合各类资产的表现，并提供详细的解释，如图5-30所示。

基于高通胀情景的分析，通义提供了分项分析与综合分析，并提供了调整建议，帮助财务经理进行优化投资组合，以更好地应对高通胀环境。通过此类场景假设与模拟的操作演示，展示了如何使用AI工具在不同市场环境下评估投资组合的表现，帮助财务经理优化投资决策。

基于高通胀情景的分析，通义提供了分项分析与综合分析，并提供了调整建议，帮助财务经理进行优化投资组合，以更好地应对高通胀环境。通过此类场景假设与模拟的操作演示，展示了如何使用AI工具在不同市场环境下评估投资组合的表现，帮助财务经理优化投资决策。

已完成搜索

以下是对您当前投资组合在高通胀环境下的表现分析：

(1). **科技和医疗行业股票 (40%)**

　　挑战：成本上升、估值压力、消费力减弱。

　　机遇：医疗行业较为防御性，部分科技公司受益于刚需。

(2). **公司债券 (35%)**

　　挑战：实际收益率下降、信用风险增加。

　　机遇：短期债券和浮动利率债券提供保护。

(3). **初创企业私募股权 (15%)**

　　挑战：融资难度增加、估值压力。

　　机遇：创新驱动、长期增长潜力。

(4). **现金 (10%)**

　　挑战：购买力下降。

　　机遇：灵活配置，应对市场机会。

综合分析

　　收益：股票和私募股权可能波动大，医疗和科技表现相对较好。公司债券实际收益率下降，短期和浮动利率债券提供保护。现金购买力下降。

　　风险：市场波动性和信用风险增加。

调整建议

　　增加通胀保护资产：实物资产（房地产、黄金）、通胀保值债券（TIPS）。

　　优化债券配置：增加短期和浮动利率债券。

　　精选股票：关注定价能力强、现金流稳定的公司。

　　保持流动性：保留一定现金应对市场波动。

图 5-30 通义模拟高通胀情景下的投资组合表现

第6章

财务报告：
AI 工具一键生成可视化财务报表的实战技巧

财务报告反映了企业在一定时期内的财务表现和经营状况。无论是股东、投资者还是管理层，都会依赖财务报告来做出下一步的决策。所以，它不仅是内部决策的基础，还是企业与外界沟通的重要桥梁。在现实职场中，财务人员在编写财务报告时不只要罗列数据，还要将这些复杂的财务信息转化为管理层能够快速理解的内容，并利用图表和简洁的语言呈现出公司的财务状况。而这一切，通常是在紧张的时间压力下完成的。因为季度末或年终时，财务人员不仅要面对大量的数据处理，还要赶在最后期限前完成报告，压力和疲惫常常伴随着每一次报告的生成，迫切需要 AI 工具的帮忙，来减轻任务量。

6.1 用 AI 生成可视化图表

在财务管理中，数据本身固然重要，但如何直观、清晰地传达这些数据往往决定了最终的决策效果。问题是，如何在短时间内掌握各类图表的生成技巧，并高效生成可视化图表呢？这正是许多财务人员遇到的难题。其实，有了 AI 工具的帮忙，这个难题也能迎刃而解了。

【演示 1】 AI 指导用户使用 WPS 生成图表

大多数时候，财务人员会更习惯使用办公软件如 WPS 或 Excel 来生成图表，而非完全依赖 AI 工具的自动化功能。在 AI 工具的帮助下，财务人员可以获得详细的操作指导，逐步学习如何在 WPS 中高效生成所需的可视化图表。

假设某公司财务人员需要展示 2024 年上半年每个月的收入和成本情况，帮助管理层分析公司的财务状况并预测未来趋势。数据已经整理好，包含"月份""收入""成本"三个字段。现在，需要生成一个折线图，展示每个月的收入和成本变化趋势。

❶准备数据

准备好公司 2024 年上半年的收入和成本情况数据表，将其存为 WPS 表格文件，这是一份数据示例，如表 6-1 所示。

表 6-1 公司 2024 年上半年的收入和成本情况

月份	收入（元）	成本（元）
1月	100000	60000
2月	110000	65000
3月	120000	70000
4月	130000	75000
5月	125000	72000
6月	135000	78000

❷**数据上传并提问**

进入通义界面，将表格内容复制粘贴到通义对话框中，并输入指令："我需要使用 WPS，根据表格内容生成一张折线图，展示 2024 年 1 月到 6 月的收入和成本变化趋势，应该怎么操作？"

通义会给出详细的步骤指导，如图 6-1 所示。

在WPS中制作折线图非常简单，你可以按照以下步骤进行：

(1). 打开一个新的WPS文档。

(2). 将你的数据复制并粘贴到文档中，确保每一列的数据都有相应的标题（例如，"月份"、"收入元"和"成本元"）。

(3). 点击菜单栏中的"插入"，然后选择"图表"选项。

(4). 在弹出的对话框中，选择"折线图"类型，并点击"确定"按钮。

(5). WPS会自动将你的数据转换为折线图。你可以通过双击图表元素（如线条、轴标签等）来更改它们的属性。

(6). 如果你需要添加更多的细节或自定义样式，请继续调整图表设置。

完成以上步骤后，你应该能看到一个显示2024年1月到6月收入和成本变化趋势的折线图了。记得保存你的工作成果！

图 6-1 通义指导折线图生成

❸**根据指导步骤生成折线图**

参考通义给出的指导步骤，在 WPS 中展开对应操作，最后得到的折线图如图 6-2 所示。

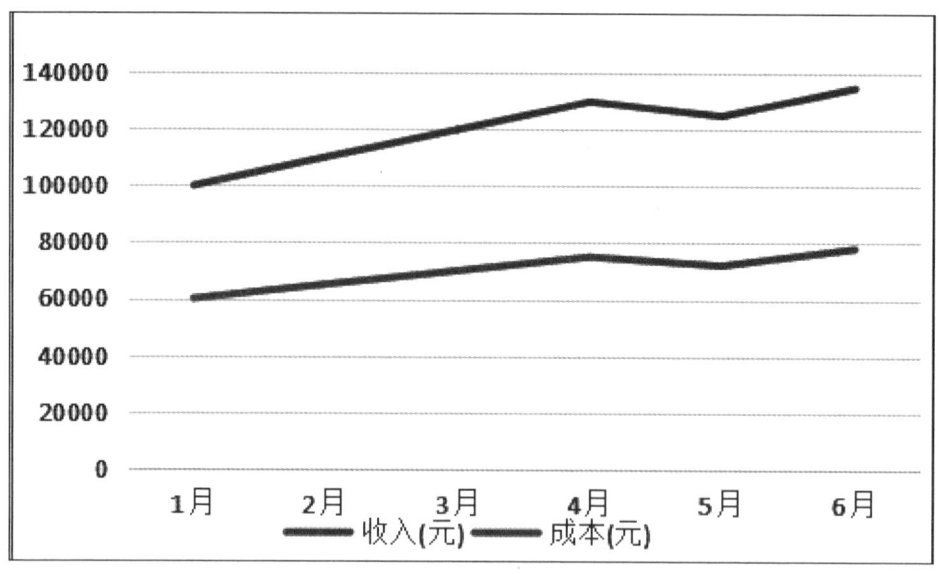

图 6-2 公司 2024 年上半年的收入和成本情况折线图

❹美化折线图

目前,这张折线图有一个问题,用颜色不好直接区分开收入和成本,而且折线图上没有标示数据,不够直观,想要解决这些问题,而不知道如何操作的话,可以继续向通义提问:"我想美化折线图,让收入和成本的线条用不同标记显示,并在每个数据点上显示具体的数值,应该如何操作?"

通义很快生成了相关操作指导,如图 6-3 所示。

感谢你的反馈,你提供的步骤是正确的。在WPS中,确实可以通过"属性"工具栏来选择不同的标记样式。以下是详细的操作步骤,以确保你能正确地美化你的折线图:

选择不同的标记

(1). **选择图表**:

单击图表以选中它。

确保图表周围出现选中框,表明它已被选中。

(2). **选择数据系列**：

　　单击你想要修改的线条（例如，收入的线条）。

　　这时，线条会被高亮显示，表示已选中该数据系列。

(3). **打开"属性"工具栏**：

　　在图表的右侧，会出现一个"属性"工具栏。

　　如果没有出现，可以尝试右键点击选中的线条，然后选择"格式数据系列"。

(4). **选择标记样式**：

　　在"属性"工具栏中，找到"标记"选项。

　　选择"内置"标记样式。

　　从提供的标记样式中选择一个你喜欢的样式。

显示数据点上的具体数值

(1). **选择数据系列**：

　　再次单击你想要添加数值的线条（例如，收入的线条）。

(2). **添加数据标签**：

　　右键点击选中的线条，选择"添加数据标签"。

　　选择一个位置选项，例如"上方"或"旁边"，以便在每个数据点上显示具体的数值。

图 6-3 通义指导折线图美化

　　根据步骤可以对折线图进行美化，通过使用不同的标记和颜色区分收入与成本线，使得数据展示更加清晰、直观。不同的标记形状让人更容易分辨每条线的含义，避免视觉混淆。同时，在每个数据点上显示具体数值，可以直接查看每个月的收入与成本情况，不再需要手动查找或计算。

　　这种改进不仅增强了图表的可读性，还提高了财务数据分析的效率。管理层在分析这些数据时，能够一目了然地看到收入和成本的变化趋势，做出更加精准的决策。

　　最后得到的折线图，如图 6-4 所示。

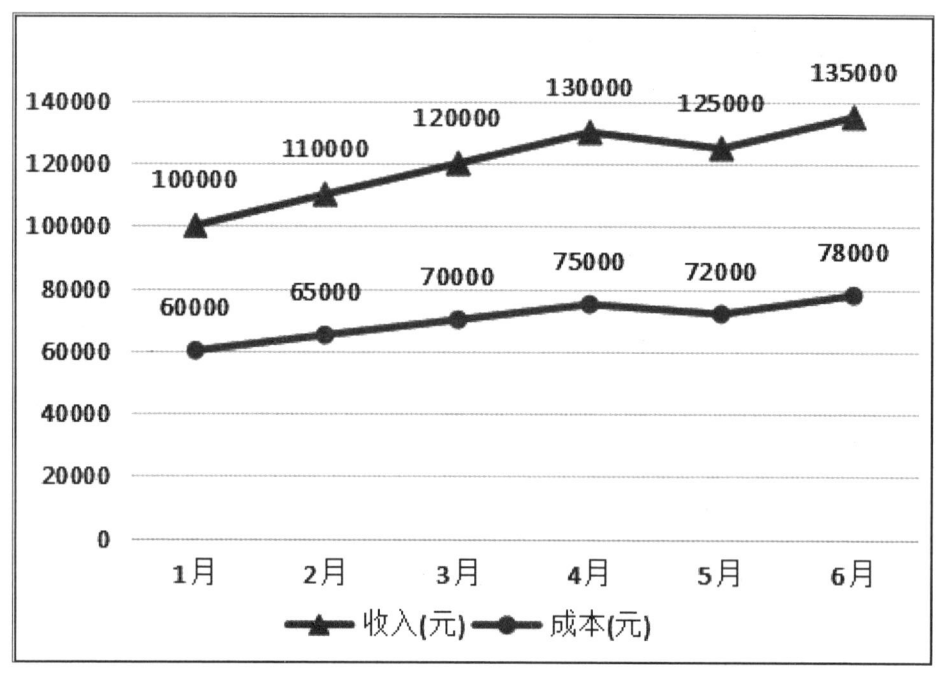

图 6-4 美化后的公司 2024 年上半年的收入和成本情况折线图

❺内容拓展

除了折线图、柱状图这类常见的数据图表外，通义还可以指导用户在 WPS 中创建其他类型的图表，比如散点图，用来展示两个变量之间的关系，特别是当数据集较大时，可以观察到数据点之间的趋势或模式。或者面积图，该图类似于折线图，但是线下方的区域会被填充颜色，强调了量的变化趋势和总量的概念。

【演示 2】 AI 工具结合宏代码批量生成图表

当财务人员面对大批量数据需要生成图表时，使用宏代码批量生成图表，是一个非常实用的办法。但是有的财务人员一提起代码就会产生畏难情绪，觉得自己一窍不通，其实，AI 工具可以直接帮忙编写代码，把最难的一步完成，财务人员只需要操作些简单步骤即可。

仍旧以之前公司 2024 年上半年的收入和成本情况数据表为例，假设现在需要生成一季度和二季度的收入柱状图，并生成一季度和二季度的成本趋势折线图。

由于目前 WPS Office 的 VBA 宏功能的使用权限通常只有企业版或专业版才

能完全启用，因此，接下来的演示以 Microsoft Excel 为准。

❶打开 Excel 并启用宏功能

启动 Excel 后，点击左上角的"文件"按钮，在文件菜单底部找到并点击"选项"。在"选项"窗口中，找到并点击左侧的"信任中心"。之后，点击右侧的"信任中心设置"按钮。

在窗口左侧的列表中，选择"宏设置"。在右侧的选项中，选择"启用所有宏（不推荐，可能有潜在危险）"，如图 6-5 所示，

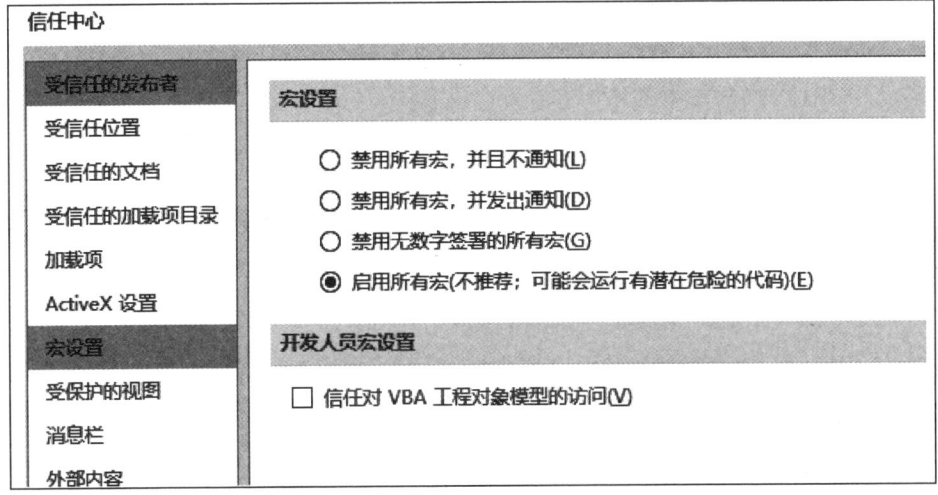

图 6-5 信任中心 - 宏设置窗口

最后点击"确定"保存设置并退出所有窗口。

因为接下来计划使用宏，所以，文件需要保存为支持宏的格式。这需要点击"文件""另存为"，然后在文件类型中选择"Excel 启用宏的工作簿（*.xlsm）"格式保存文件，如图 6-6 所示。

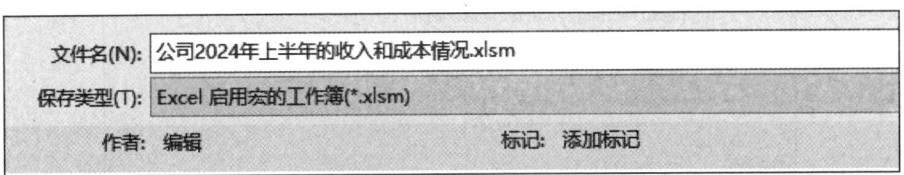

图 6-6 另存文件为启用宏的格式

❷使用 AI 工具生成 WPS 宏代码

接下来只需要向通义提问:"我有一个 Excel 表格,包含 2024 年上半年的销售数据。数据包括月份、收入和成本,A 列是月份,B 列是收入,C 列是成本。请帮我编写一个宏代码,生成一季度的收入柱状图和成本折线图,二季度的收入柱状图和成本折线图。"

通义的回答如图 6-7 所示。

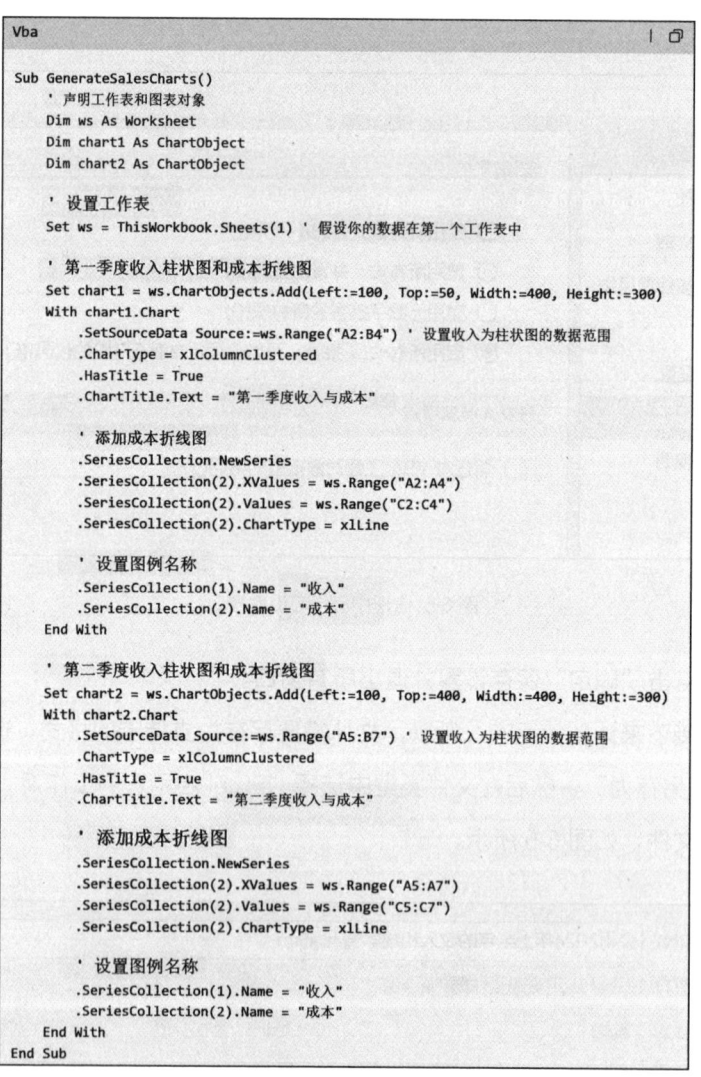

图 6-7 通义生成图表创建 VBA 代码部分展示

❸插入宏代码

点击图 6-8 通义生成的代码右上角的复制按钮,然后打开 Excel,按下"Alt + F11",进入 VBA 代码编辑器界面。

在代码编辑器中,插入一个模块,然后将复制好的代码粘贴好(如图 6-8 所示),点击"保存",退出 VBA 编辑器。

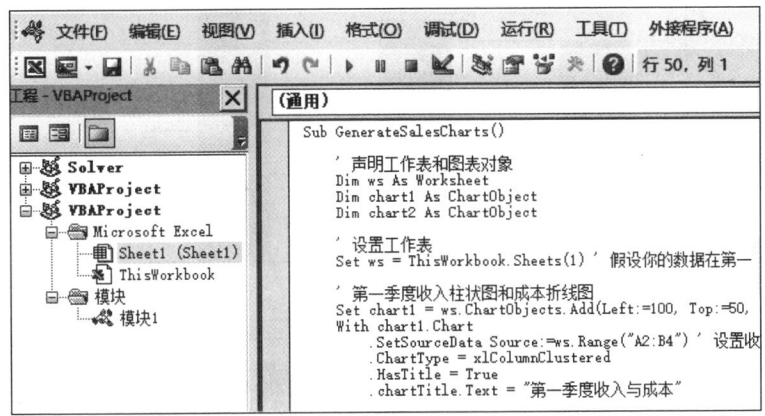

图 6-8 插入宏代码

❹运行宏生成图表

回到 Excel,按下"Alt + F8"打开宏对话框,选择"GenerateSalesCharts"并执行,如图 6-9 所示。

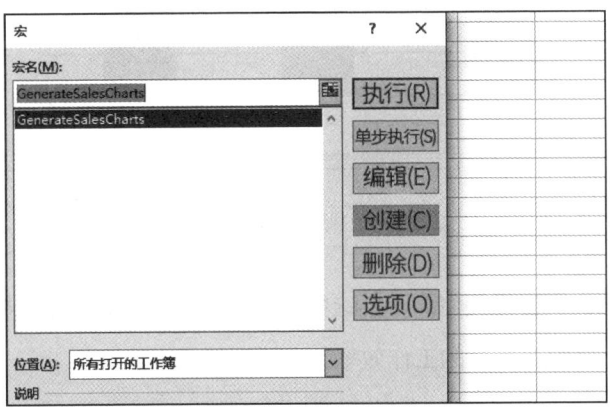

图 6-9 执行宏代码

此时，Excel 页面中就会自动生成 2 张需要的图表，如图 6-10 所示。

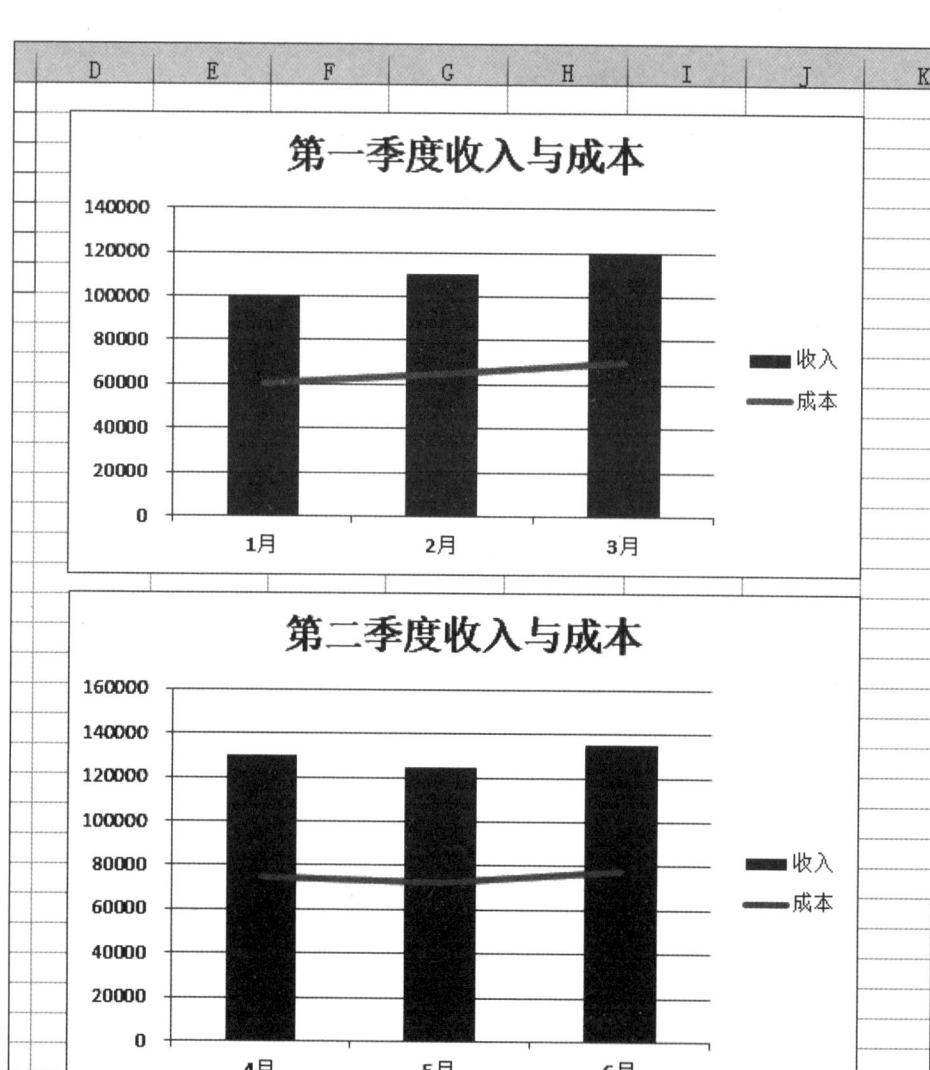

图 6-10 执行代码生成的图表

用户根据需要自行美化即可。这样只需要短短 1 分钟时间就能快速生成大量的图表，提升了财务人员的工作效率。

【演示3】 AI 工具直接生成图表

有一些 AI 工具，目前是支持直接生成图表的，这为用户节省了大量的时间和精力。不再需要手动选择图表类型和调整格式，AI 可以根据你提供的数据，自动生成适合的图表。

虽然通义目前不支持该功能，但是其他 AI 工具，比如 ChatGPT，是可以做到的，如果财务人员需要，可以自行尝试，以下是效果示例，如图 6-11 所示。

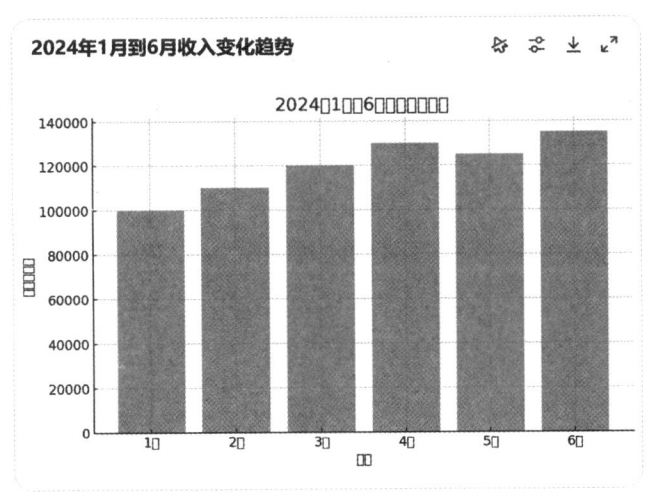

图 6-11 ChatGPT 自动生成的图表

操作的方式一如之前，在对话框中粘贴表格数据，并输入指令即可。如果需要美化生成的表格，比如给柱状图添加数据标签，也可以直接提出要求，ChatGPT 会更新生成的图表，直到满足用户的所有要求，如图 6-12 所示。

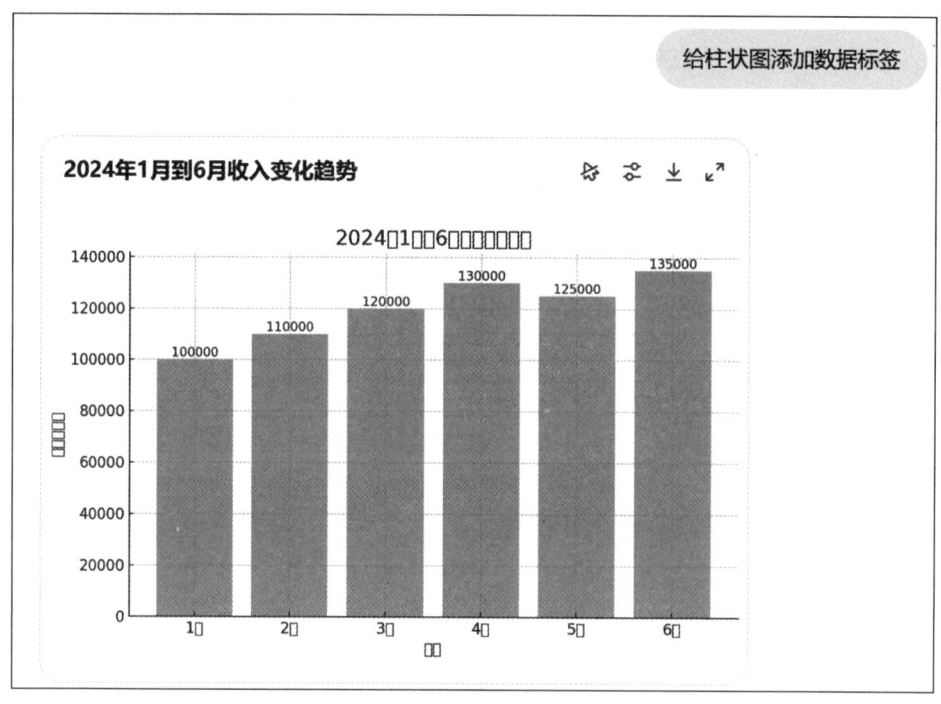

图 6-12 ChatGPT 美化生成的图表

不过，值得注意的一点是，从图 6-12 和图 6-13 中不难发现，ChatGPT 生成的图表中，汉字会自动显示为方框（□），这是因为当前生成图表的字体不支持中文字符，导致汉字无法正确显示。

当然，这并不是没有解决办法，但是无论使用何种办法来解决，都会让 AI 工具直接生成图表这件事变得复杂，违背了使用 AI 工具是想让任务更轻松的初衷。所以，期待后续 AI 工具在不断发展完善的过程中可以直接解决这一问题。

而如果 ChatGPT 美化生成的图表符合用户的要求，就可以点击右上角的下载符号，将图表下载到本地，插入需要展示的报告中。

6.2 用 AI 辅助撰写财务报告

撰写财务报告是财务人员非常熟悉的工作之一，但如何在短时间内高效地整合数据、分析结果，并形成一份结构清晰、内容翔实的财务报告，始终是财务工作中的一大难题。AI 工具的引入为这一挑战提供了全新的解决方案。

使用 AI 工具的一个显著优势在于，它可以根据用户的输入，自动生成财务报告的基础框架，完成主体部分的撰写，确保报告结构完整且逻辑清晰。通过简单的操作，财务人员可以迅速构建一个符合公司需求的财务报告内容，而无须从头开始。这大大提高了工作效率，尤其是在紧迫的时间节点下。

下面还以通义为例，来演示如何使用 AI 工具来撰写财务报告。

假设某公司 202X 年的财务数据已经整理完毕，财务人员需要撰写一份报告提交给管理层，报告需要涵盖收入、支出、利润和现金流的详细分析，预计还要对未来的财务状况作出简要预测。

【演示 1】 确定报告框架

在撰写财务报告时，选择合适的框架是确保报告结构合理的关键步骤。财务人员有两种选择：沿用以往的财务报告框架，或使用 AI 工具生成一个新的报告框架。

❶沿用以往的财务报告框架

如果公司已有一套固定的财务报告框架，财务人员可以直接参考过往的报告格式。此时，可以使用 AI 工具可以帮助优化和更新框架中的部分内容。

例如，财务人员可以将以往的财务报告上传一份，然后输入指令："请根据这份文档，总结出公司的财务报告框架。"通义会迅速总结出已有的报告框架，并提出建议性调整，使报告更加符合当下需求。

❷使用 AI 工具生成一个新的报告框架

当公司需要采用一个新的财务报告框架时，财务人员可以通过 AI 工具请求帮助生成基础结构。在向 AI 工具提问的时候，与其明确要求框架的各部分，不妨把问题开放一些，以获得更灵活的建议和解决方案。

例如，财务人员可以向通义提问："我现在需要根据公司的202X年度财务数据，撰写一份财务报告，报告需要涵盖收入、支出、利润和现金流的详细分析，预计还要对未来的财务状况作出简要预测。请为我出具一份详细的报告框架。"

这样的问题不仅让AI理解自己的需求，还能鼓励它提供更加综合的报告框架，包含分析、建议等核心内容，确保结果更加实用。

很快，通义构建出一个全新的报告框架，由于篇幅限制，我们将其复制下来以备后续使用，内容如下：

> 封面
>
> 标题：[公司名称]202X年度财务报告
>
> 日期：2024年12月31日
>
> 编制人：财务部
>
> 审核人：[姓名]
>
> 目录
>
> 概述
>
> 公司概况
>
> 财务概览
>
> 收入分析
>
> 支出分析
>
> 利润分析
>
> 现金流分析
>
> 财务比率分析
>
> 风险与挑战

未来展望

附录

概述

报告目的：介绍报告的背景、目的和重要性。

报告范围：概述报告涵盖的时间段和主要内容。

数据来源：说明财务数据的来源及可靠性。

公司概况

公司简介：简要介绍公司的历史、愿景、使命。

经营范围：描述公司的主营业务和服务。

市场地位：公司在行业中的位置和竞争优势。

关键业务里程碑：过去一年的重要成就和发展。

财务概览

总资产：截至报告期末的总资产情况。

净资产：公司的净资产值。

总收入：年度总收入。

净利润：年度净利润。

现金及现金等价物：现金和短期投资的总额。

负债总额：公司的总负债。

收入分析

收入构成：按产品线或服务分类的收入详情。

收入趋势：过去几年的收入变化趋势。

产品/服务收入对比：不同产品或服务的收入贡献比较。

地区收入分布：不同地区的收入占比。

收入增长因素：推动收入增长的主要因素。

支出分析

成本构成：主要成本项目的分类和金额。

固定成本与变动成本：区分固定成本和变动成本。

营销费用：广告、促销等营销活动的费用。

研发投入：研发活动的投入。

行政管理费用：管理和支持部门的费用。

支出控制措施：公司采取的支出控制措施及其效果。

利润分析

毛利分析：毛利润及其变化趋势。

营业利润分析：营业利润及其变化趋势。

净利润分析：净利润及其变化趋势。

利润率变化趋势：毛利率、营业利润率、净利润率的变化。

影响利润的主要因素：分析影响利润的关键因素。

现金流分析

经营活动产生的现金流：日常运营活动产生的现金流入和流出。

投资活动产生的现金流：资本支出和投资活动的现金流。

融资活动产生的现金流：借款、偿还债务和股权融资的现金流。

现金流健康度评估：评估公司的现金流状况是否健康。

财务比率分析

流动性比率：流动比率、速动比率等。

杠杆比率：资产负债率、权益乘数等。

效率比率：存货周转率、应收账款周转天数等。

盈利能力比率：净资产收益率、毛利率等。

风险与挑战

市场风险：市场需求变化、竞争加剧等。

财务风险：资金链紧张、汇率波动等。

运营风险：供应链中断、生产事故等。

法律合规风险：法律法规变化、诉讼等。

应对策略：针对上述风险的应对措施。

未来展望

行业发展趋势：分析所在行业的未来发展方向。

公司发展战略：公司的中长期战略规划。

预计财务目标：未来一年或几年的财务目标。

面临的机遇与挑战：公司面临的主要机遇和挑战。

短期与长期规划：具体的短期和长期发展计划。

附录

财务报表：资产负债表、损益表、现金流量表。

重要会计政策：公司采用的主要会计政策。

专业术语解释：报告中使用的专业术语及其定义。

参考文献或资料来源：报告中引用的数据和信息来源。

【演示 2】 准备财务报表

想要撰写出这样一份完整的财务报告，必须有足够的数据支撑。因此，报告框架确定后，下一步就是准备并整理好公司的财务报表。

而在通义准备的这份财务报告框架中，具体需要用到哪些财务报表，可以向其进行提问："撰写这份财务报告框架时，哪些财务报表是必须的？请列出我需要准备的财务报表。"

通义的回答如图 6-13 所示。

以下是您需要准备的财务报表清单：

资产负债表（Balance Sheet）

损益表（Income Statement）

现金流量表（Cash Flow Statement）

股东权益变动表（Statement of Changes in Equity）

附注（Notes to the Financial Statements）

这些报表是财务报告的核心部分，能够全面反映公司的财务状况和经营成果。希望这个清单对您有所帮助。如果有任何其他问题或需要进一步的指导，请随时告知。

图 6-13 通义列举需要准备的财务报表

为了让 AI 工具更好地生成报告，财务人员需要确保报表数据的完整性和准确性，并以表格文件的形式准备好，以便稍后上传给通义进行分析。

【演示 3】 上传报表并生成财务报告

当财务数据准备完毕后，就可以利用通义生成报告内容了。接下来需要将这些报表上传至通义平台。除了之前介绍过的点击"上传文档"按钮外，通义还支持更加便捷的拖拽上传操作。用户只需一次选中多份报表文件，将其直接拖动到对话框中，通义平台便会自动识别并处理这些文档。

财务报表上传成功后，财务人员可以在对话框中发出指令："请根据上传的财务报表，按照刚才的财务报告模板，开始撰写财务报告。"如图 6-14 所示。

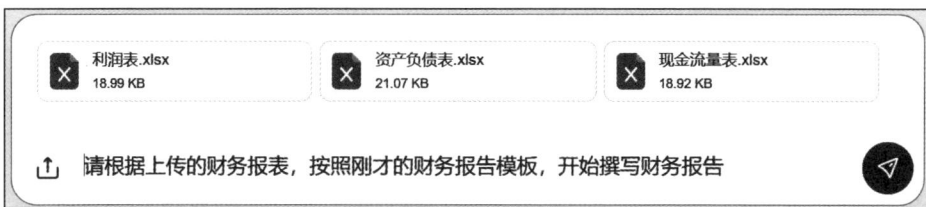

图 6-14 上传报表并输入指令

之后，通义会分析财务报表中的数据内容，按照之前给出的报表框架，开始撰写财务报告，以下是报告的部分内容，如图 6-15 所示。

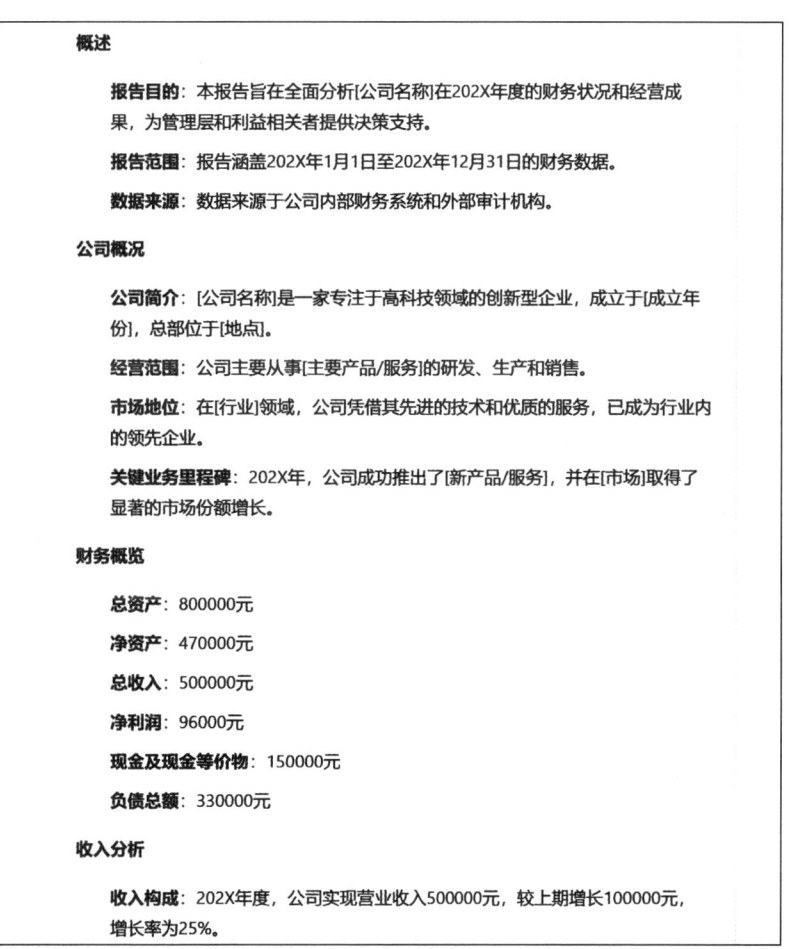

图 6-15 通义撰写的财务报告部分内容展示

> **收入趋势**：公司收入持续增长，主要得益于新产品的推出和市场的拓展。
> **产品/服务收入对比**：[具体产品/服务]的收入增长最为显著，占总收入的[百分比]。
> **地区收入分布**：[主要市场]的收入占比最高，达到[百分比]。

图 6-15 通义撰写的财务报告部分内容展示

如果通义一次没有写完，还可以输入指令"继续写"，让其分几次完成报告内容。

当然，也可以在发出指令时，按照之前的框架内容，分步让通义撰写财务报告，比如可以这样说："请根据上传的财务报表，按照刚才的财务报告模板，开始撰写财务报告。先写第一部分'概述'。"之后再以此要求通义撰写财务概览、收入分析、支出分析等内容。

这种分步撰写的方式能够更好地控制报告的结构和节奏，确保每一部分的内容都符合用户预期。

【演示 4】 人工增加财务数据故事讲述

如果单纯按照框架由 AI 撰写财务报告，内容虽然结构清晰，但表达可能会略显机械，缺少对数据背后深层次的分析和关联性的洞察。这时候，财务人员可以自行添加财务数据故事讲述内容，让报告更加有内涵，质量更上一层楼。

财务数据故事讲述是一种通过叙事的方式，将原本复杂和抽象的财务数据转化为易于理解的内容，以帮助读者更清晰地掌握公司运营状况及财务表现。它不仅展示数据，还通过解释数据背后的原因、趋势和影响，为管理层和利益相关者提供更深入的分析。

在这一部分，有五个小技巧：

❶识别关键数据点

通读 AI 工具生成的财务报告，找到其中的重要财务数据点。这些数据点通常包括但不限于收入、利润、成本的变化。比如，财务人员需要识别出哪些时间段内收入或成本有明显波动，并找出主要驱动因素。还有现金流的正负波动，尤其是经营活动、投资活动和融资活动中的显著变化。

❷分析数据背后的原因

在识别到关键数据点后,需要深入探讨这些变化背后的原因。原因一般分两部分,一与外部环境相关,二与内部因素相关。在外部环境方面,可以分析数据变化是否与行业发展趋势、市场需求变化或宏观经济环境有关。例如,某个季度销售额增长,可能与行业整体需求上升或新市场的开拓有关。在内部因素方面,可以探讨内部运营、战略调整或产品变化对财务数据的影响。例如,成本上升可能是由于生产效率下降或供应链成本增加。

财务人员在分析数据背后的原因时,可以通过向 AI 工具发出具体的提问来获得灵感和支持。比如可以让 AI 帮助分析这些波动的可能原因,并提出有价值的见解。

举个例子,向通义提问:"从内部运营角度,分析公司营业收入显著增长的原因。"这样,通义会结合数据和市场动态,提供一些潜在的解释和趋势,从而帮助你找到更多切入点,丰富报告的内容,如图 6-16 所示。

文档阅读完成

从内部运营的角度来看,这一显著增长主要归因于以下几个方面:

(1). **新产品推出和创新**:

　　产品创新:公司成功推出了[新产品/服务],凭借其独特的技术优势和高质量标准,迅速获得市场认可。

　　研发投资:加大了研发投资,引进先进设备和技术,加快了新产品的上市速度。

(2). **市场拓展和营销策略**:

　　市场推广:通过多种渠道进行宣传,包括线上广告、社交媒体营销、线下展会等,提高了品牌知名度和市场覆盖率。

　　销售渠道优化:增加了线上销售平台和线下经销商的数量,提高了销售网络的覆盖面和效率。

(3). **运营效率提升**:

　　生产效率:引入先进生产设备和技术,提高了生产速度和质量控制水平。

　　供应链管理:与供应商建立了稳定的合作关系,确保了原材料的及时供应

> **成本控制**：通过精细化管理，降低了生产成本和运营费用。
>
> (4). **客户服务和客户关系管理**：
>
> **客户满意度**：提供优质的售后服务和技术支持，增强了客户的忠诚度和复购率。
>
> **客户反馈**：积极收集和分析客户反馈，不断改进产品和服务，更好地满足客户需求。
>
> (5). **团队建设和人才培养**：
>
> **人才引进**：引进了高素质的专业人才，特别是在销售、研发和管理岗位。
>
> **培训与发展**：注重员工培训和发展，提升员工的专业技能和综合素质。
>
> (6). **内部管理优化**：
>
> **组织结构调整**：优化了部门设置和职责分工，提高了决策效率和执行力度。
>
> **信息化建设**：引入先进的企业管理软件和信息系统，实现了数据的实时共享和业务流程的自动化。

图 6-16 通义分析公司营业收入显著增长的原因

❸ **将数据变为故事**

下一步是将识别出的数据变化和背后原因转换成易于理解的故事，帮助报告阅读者轻松掌握报告中的关键信息。

比如，讲述增长的故事，说明公司如何在某个特定时期实现收入增长，以及这种增长对未来的影响。在撰写的时候，可以引入市场扩展、新产品的成功等情节，通过将数据与业务战略、员工、市场趋势等情感元素相联系，使报告更具亲和力，让数据故事不只是冰冷的数字，而是公司战略、市场发展和团队努力的真实反映。

还有一个值得讲述的点，就是未来的展望，需要财务人员结合当前数据趋势，描述公司未来的财务预期状况，并提出潜在的机会和风险。这一点也是一开始撰写财务报告的要求。

❹ **整合数据可视化**

为了让财务数据故事更加直观易懂，需要结合图表来增强视觉呈现。通过图表展示关键数据和趋势，如折线图、柱状图或饼图，能够帮助读者更好地理解财务数据的变化。而财务图表的制作可以参考之前的内容。

6.3 AI 校对与润色财务报告的实用操作

撰写财务报告并不仅仅是整理数据，还涉及大量的文字编辑工作。报告中的语法错误、措辞不当或逻辑不清，都会影响报告的质量，给财务人员带来麻烦。过去的校对与润色工作只能依靠人工来一遍遍审核，而现在可以让 AI 工具来完成这项工作了。

下面以通义为例，演示如何利用 AI 工具完成财务报告的校对与润色工作。

【演示 1】 使用 AI 工具进行语法和字符校对

AI 工具能够快速检测并修正财务报告中的语法和字符错误。无论是错别字、标点符号使用不当，还是句子结构不完整，AI 都能自动识别并提出优化建议。

❶ 生成并保存财务报告初稿文档

在开始使用 AI 工具之前，财务人员首先需要将之前由 AI 工具辅助撰写的财务报告内容复制到文档中，同时将自己添加的内容和图表也整合好，形成一份财务报告初稿，保存在易于找到的位置，例如桌面或特定的工作文件夹，方便后续上传使用。

❷ 上传至通义对话框并提出校对要求

将保存好的财务报告文档上传至通义对话框，然后输入指令："请帮我校对这份财务报告的标点符号是否正确，有无错别字或语法错误，确保报告全文语言流畅。"

通义会检查全文内容，并罗列出需要修改的地方，如图 6-17 所示。

可以看到，通义给出的答案确实是需要修改的标点和错别字。

❸ 根据提示进行修改

根据通义的反馈，财务人员可以逐条查看，检查是否合理，自行决定是否接受这些建议并进行相应修改。如果错误不多，自行在文档中修改是更快的（图 6-19），但如果错误很多，也可以直接让通义给出一份修改后的内容，然后复制保存到文档。只不过这样的话，会破坏文档原本设置好的格式，适用于还没有调整格式的文档内容。

文档阅读完成 ∨

根据您提供的文档内容，我已仔细检查，并列出了以下需要修改的地方：

"成本构成：202X年度，公司营业成本为300,000元，较上期增长50,000元，增长率为20%。"中，"增长率为20%，"应改为"增长率为20%。"。

"毛利分析：202X年度，公司实先毛利润200,000元，毛利率为40%。"中，"实先"可能是笔误，应该是"实现"，且"毛利率为40%"后应加上句号。

图 6-17 通义校对财务报告语法和字符

文档阅读完成 ∨

好的，以下是经过仔细检查后发现的唯一错误：

成本构成

成本构成：报告中提到"202X年度，公司营业成本为300,000元，增长率为22%"。根据利润表，上期营业成本为250,000元，本期营业成本为300,000元，实际增长率为20%。建议修正为"202X年度，公司营业成本为300,000元，增长率为20%"。

希望这能帮助你完善财务报告。如果有其他具体问题或需要进一步的帮助，请随时告知。再次为之前的疏忽道歉。

图 6-18 通义校对数据表述的准确性

【演示 02】 使用 AI 工具优化语言表达和句子结构

除了校对语法和格式，AI 工具还能优化报告中的语言表达，让报告更加流畅且专业。很多时候，财务人员撰写的报告虽然数据精准，但语言表达可能偏向生硬、不够简洁或缺乏说服力。通过 AI 工具，财务人员可以轻松优化段落和句子结构，使报告更具专业性和阅读体验。

这方面在操作的时候不需要将整篇财务报告上传，只需要将想要优化的段落发送给通义，并输入指令："请优化这段财务报告的语言表达，使其更专业。"

举个例子，原段落内容为："固定成本与变动成本：固定成本主要包括管理费用和财务费用，分别为 30000 元和 10000 元；变动成本主要包括销售费用和资产减值损失，分别为 20000 元和 5000 元。"

发出优化指令："请优化这段财务报告的语言表达，使其更专业、流畅。"

于是，通义在保持原本的财务信息不变的情况下，自动调整了句子结构、用词，如图 6-19 所示。

在本报告中，我们对成本结构进行了详细分类，以提供更加清晰的财务视图。固定成本方面，主要包括了管理费用30,000元及财务费用10,000元，总计40,000元。这些费用在一定时期内相对稳定，不受生产量或销售量的直接影响。而变动成本则由销售费用20,000元以及资产减值损失5,000元构成，合计25,000元。此类成本随业务活动水平的变化而变化，是企业日常运营中不可避免的一部分。通过上述成本分析，我们可以更好地理解成本行为模式，为成本控制和决策制定提供有力支持。

图 6-19 通义优化语言表达和句子结构

通义通过补充解释，让固定成本和变动成本的特性更加清晰，使读者能清楚地理解这两类成本的区别。同时将固定成本和变动成本分开讨论，增强了逻辑结构的清晰性。总体来看，优化后的段落在流畅性和专业性上有了提升，但还有优化空间。

【演示 3】 使用 AI 工具修改语言风格

除了优化句子结构和语法，AI 工具还可以帮助调整报告的语言风格，以适应不同的受众需求。

在财务汇报中，财务报告的风格可能根据读者对象的不同有所变化。比如，给管理层的报告通常需要简洁明了，强调核心数据和决策信息；给投资者的报告则更注重公司未来的增长潜力和风险评估；财务团队的内部报告，则可能需要更加细致的数据分析。因此，使用 AI 工具可以快速改变报告的语气和风格，确保其符合不同读者的预期。

举个例子，假设有一段写给管理层的财务报告内容，风格比较正式且简洁。

原文内容是："本年度，公司销售额增长了 15%，但运营成本也上升了 5%，主要原因是供应链的波动影响了采购成本的稳定性。未来几个季度需要加强对成本控制的关注，尤其是在原材料采购方面。"

针对这个段落，如果需要转变为更加面向投资者的风格，可以利用 AI 工具来调整表达方式。你只需将原段落输入通义对话框，并发出指令："请将这段文字调整为更面向投资者的风格，强调公司的增长潜力和市场机会。"

生成后的段落就会有所变化，如图 6-20 所示。

本年度，尽管面临供应链波动带来的挑战，导致运营成本上升了5%，我们的公司依然实现了销售额15%的显著增长。这不仅证明了公司在复杂市场环境下的强大适应能力和业务韧性，同时也凸显了我们产品和服务在市场上的高度需求。展望未来，我们将继续密切关注成本控制，特别是优化原材料采购流程，力求降低采购成本，提高效率。我们相信，通过这一系列措施，公司将能够进一步巩固其市场地位，抓住更多增长机会，为股东创造更大价值。

图 6-20 通义修改语言风格

在这段优化后的文字中，通义不仅保持了原有的财务信息，还通过"市场上的高度需求""为股东创造更大价值"等表述，使段落更具吸引力，更能突出公司未来的增长潜力。显然，该语言风格更符合投资者的期望，因为它传递了未来的机遇和公司对挑战的应对措施，而不仅仅是单纯的成本数据。

通过以上操作，财务人员可以快速调整语言风格，无论是更加正式的管理层报告，还是更具说服力的投资者报告，都可以在几秒钟内完成修改。这大大节省了手动调整的时间，确保报告在不同场景中都能达到最佳效果。

最后要注意，在完成所有的校对与优化后，财务人员要生成最终版本的财务报告，方能提交给管理层或其他报告阅读者。

6.4 一键生成财务汇报 PPT

在财务汇报中,数据是基础,传递信息是目的,而展示形式则是成功的关键。很多财务人员的痛点就在于,辛苦做好的财务报告往往会在最后一刻被要求迅速转换成 PPT。可是,一页页地调整格式、处理图表、排版数据非常麻烦,时间不够的情况下,草草制作又会影响汇报效果。那么,有什么办法能让 PPT 做得又快又好呢?

答案就是借助 AI 工具一键生成 PPT,将原本需要花费数小时才能完成的任务浓缩到几分钟内完成,让财务人员省去排版的烦恼,聚焦于核心内容。

下面以通义和 WPS 为例,逐步演示如何利用 AI 工具一键生成财务汇报 PPT,彻底颠覆传统 PPT 制作的烦琐流程。

【演示 1】 使用通义等第三方 AI 工具生成 PPT

这一部分我们先利用第三方 AI 工具来完成 PPT 的生成,这个第三方是相对于办公软件来说的。

在这一部分,我们将首先利用第三方 AI 工具生成财务汇报 PPT。这里所说的"第三方"是相对于办公软件而言的。一般认为,PPT 制作都要依赖于 WPS、Microsoft PowerPoint 等办公软件来完成的。所以,像通义这样的 AI 工具可以被认为是"第三方"工具。具体步骤如下:

❶找到通义 PPT 创作入口

打开通义首页,就有醒目的"PPT 创作"入口,点击即可进入 PPT 创作页面,如图 6-21 所示。

当然,如果不从此处进入,点击通义侧边栏的"效率",在"工具箱"中,同样能找到"PPT 创作"。

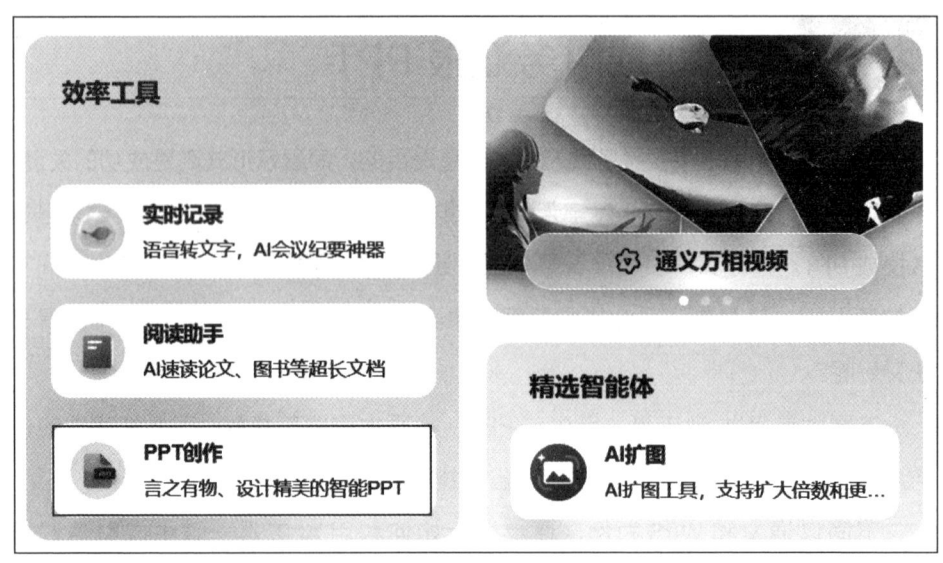

图 6-21 通义 PPT 创作入口

❷选择 PPT 制作方式

在通义的 PPT 创作页面，用户可以选择两种不同的方式来生成 PPT（如图 6-23 所示）。

第一种方式是"一句话主题生成 PPT"，适用于用户只有一个大致的主题方向，但没有具体内容需要展示的情况。例如做一份财务安全教育方面的 PPT，用户可以通过一句话，让通义生成一个初步的框架，帮助梳理思路和搭建 PPT 的基本结构，尤其适合需要短时间内完成从无到有，交付初步汇报内容的场景。

第二种方式是用户自行设定内容的生成模式。这种方式适合用户已经有了详细的报告或数据内容时，可以通过上传文件或直接输入长文本来生成 PPT。通义会智能地根据上传的内容提取关键信息，将其转化为 PPT 页面，并合理分布各个章节和图表。

这两种创作方式，分别针对不同需求的用户，我们现在要做的财务汇报 PPT 比较适合第二种方式。

第 6 章 财务报告：AI 工具一键生成可视化财务报表的实战技巧

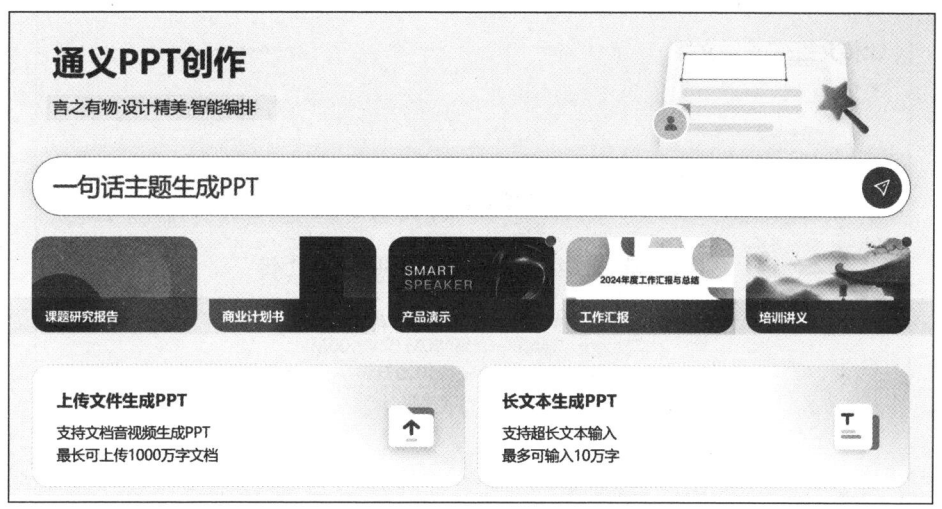

图 6-22 通义 PPT 创作页面

❸上传财务报告

点击图 6-22 左下角的"上传文件生成 PPT"，会跳转到文件上传页面（如图 6-24 所示）。只需要将财务报告拖拽到此处即可上传成功。

特别要说明的一点是，在这个上传页面，我们能看到，通义还支持音视频文件的上传，最下面还有网址的粘贴，这些功能为用户提供了更多的素材来源和展示方式，极大地丰富了 PPT 内容的表现力。

对于某些培训、教育或产品演示等场景，音频或视频往往能起到更直观、更生动的效果。例如，在财务培训 PPT 中，你可以上传一段关于财务风险管理的教学视频，直接嵌入到 PPT 中播放，能帮助受众更好地理解复杂的概念。同样，音频文件也可以用于补充解说，方便观众在观看 PPT 时获得更详细的解释。

而网址的粘贴功能允许用户直接将外部资源整合到 PPT 中。这非常适合需要引用实时数据、市场分析报告或在线文献的场合。例如，财务人员可以通过粘贴行业报告的链接，让通义为其自动生成相关的市场趋势分析幻灯片。这不仅节省了手动搜集数据的时间，也确保了信息的准确性和时效性。

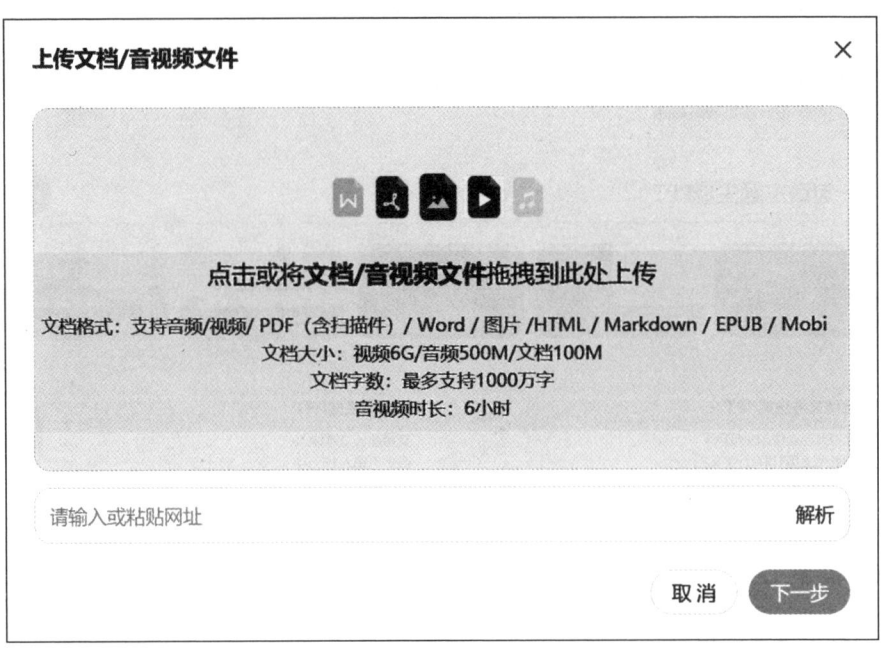

图 6-23 通义 PPT 创作文件上传页面

此处我们先将之前制作好的财务报告内容上传。

❹生成并修改 PPT 大纲

财务报告上传成功后,点击"下一步",通义会根据上传的报告内容自动生成 PPT 大纲,如图 6-24 所示。

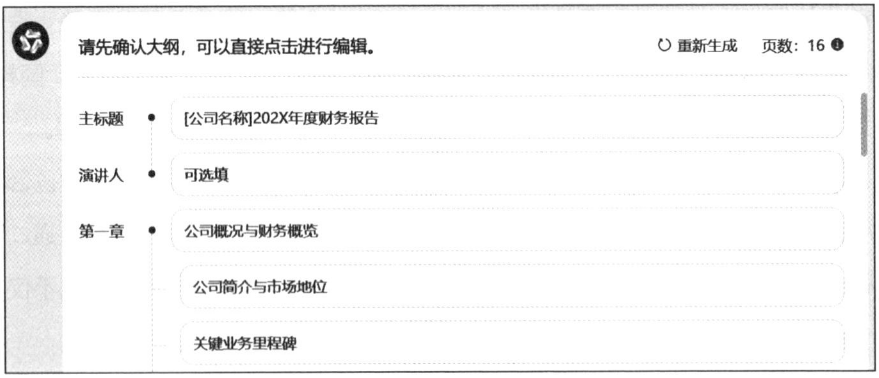

图 6-24 通义生成的 PPT 大纲部分展示

PPT大纲提供了一个PPT内容的概览,能帮助财务人员提前确认PPT的框架是否符合预期,还可以方便地进行调整或修改。如果大纲结构不合理,后续的内容展示可能会出现逻辑混乱,影响汇报效果。这时候,财务人员可以点击页面右上角的"重新生成",或者直接手动编辑大纲内容。

❺选择演讲场景

在页面的最下方可以选择该PPT适配的演讲场景,如图6-25所示。

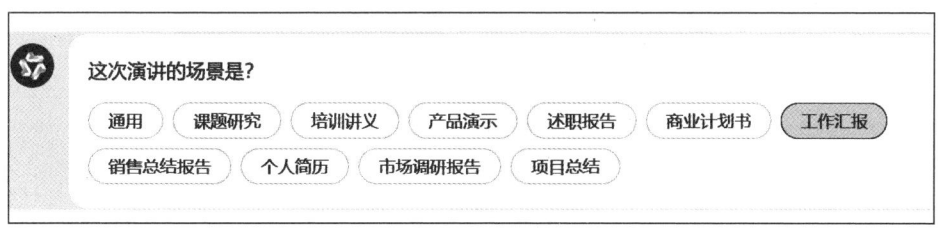

图6-25 通义PPT演讲场景选择

每种场景都有其特定的侧重点和演示风格,这一功能允许用户根据不同的汇报需求进行个性化调整。通义将根据选定的场景,例如"课程研究""培训讲义"或"工作汇报"等,自动调整PPT的结构、风格和内容展示方式。

此处的财务汇报PPT我们可以选择"工作汇报"场景。之后点击"保存",进入"下一步"。

❻选择PPT模板

通义提供了多种专业设计的PPT模板,涵盖了从简洁的财务分析到图文并茂的战略汇报等多种类型和风格(如图6-26所示),用户可以根据汇报的场合和受众选择合适的模板。例如,给公司高层做年度财务汇报时,选择"简约"的模板。

图 6-26 通义 PPT 模板选择

选定某个模板后,在页面作业可以预览该模板的页面板式。

❼ **生成 PPT**

选定模板后,点击图 6-26 右上角的"生成 PPT"按钮,即可生成财务汇报 PPT,如图 6-27 所示。

图 6-27 通义生成财务汇报 PPT

在通义 PPT 创作页面的左侧，用户可以看到所有 PPT 页面的导航栏，显示的是每一张幻灯片的缩略图，方便地浏览和快速切换到特定的 PPT 页面。

页面的中央部分显示了当前选中的 PPT 页面内容。当用户选择某一页面时，可以对该页面的文字、图表和数据进行直接修改。无论是调整标题、修改段落内容，还是更新数据和图表，所有的编辑都能在可视化环境中完成。

在完成 PPT 内容的编辑后，用户可以点击页面右上角的"演示"按钮，预览最终的 PPT 效果。

❽演示与导出 PPT

来到最后一步，当你完成了 PPT 的所有编辑工作并确认内容无误后，就可以准备导出 PPT 了。在通义平台上，导出 PPT 非常简单。点击页面右上角的导出按钮，将看到几个导出选项，如图 6-28 所示。

图 6-28 通义 PPT 导出页面

通义提供了多种导出格式，包括导出为 PPT、PDF、图片以及长图格式，用户根据需要自行选择即可。

因为我们要进行财务汇报,所以选择"导出为 PPT",浏览器会自动添加到下载任务中,下载完成后保存在电脑上,如图 6-29 所示。

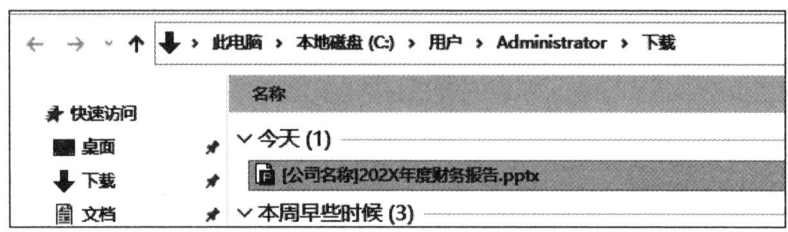

图 6-29 通义 PPT 下载成功

此时打开 PPT,还能进行本地的编辑,也可以直接进行汇报展示。

通过以上步骤,使用通义这样的第三方 AI 工具,无须烦琐的手工排版,也无须费力设计图表,财务人员可以在极短的时间内完成一个专业的财务汇报 PPT。

【演示 2】 使用 WPS 直接生成 PPT

除了使用第三方 AI 工具外,财务人员还可以借助 WPS 内置的 AI 功能,快速生成 PPT。这是 WPS 推出的智能化功能之一,专门为提升用户在办公过程中效率而设计。以下是具体操作:

❶新建 WPS 演示并找到 WPS AI 入口

打开 WPS,点击"+",新建一个空白的演示文稿,如图 6-30 所示。

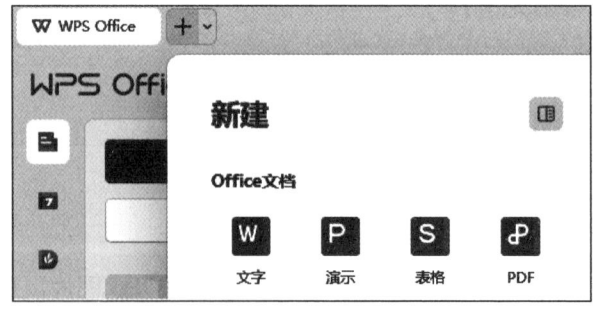

图 6-30 WPS 新建演示

在新建的空白演示文稿页面上方的菜单栏中,找到"WPS AI",点击即可看到"AI 生成 PPT"和"AI 新建幻灯片",如图 6-31 所示。

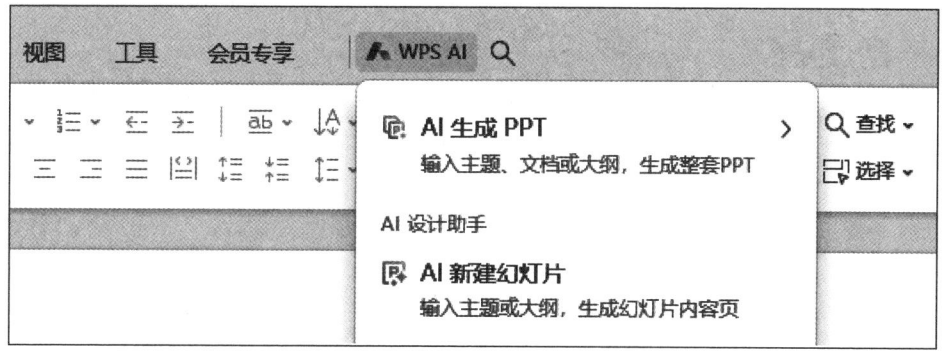

图 6-31 WPS AI 生成 PPT 入口

与之前的通义 PPT 一样,"AI 新建幻灯片"是通过输入主题大纲,让 WPS AI 自动生成对应的幻灯片,自由度更大,适合还没有前期内容的情况。而"AI 生成 PPT"就是我们当前需要选择的,即通过输入财务报告文档来生成更加对应且细致的财务汇报 PPT。

❷上传财务报告

点击"AI 生成 PPT"后,选择"文档生成 PPT",然后在文档上传页面上传整理好的财务报告,如图 6-32 所示。

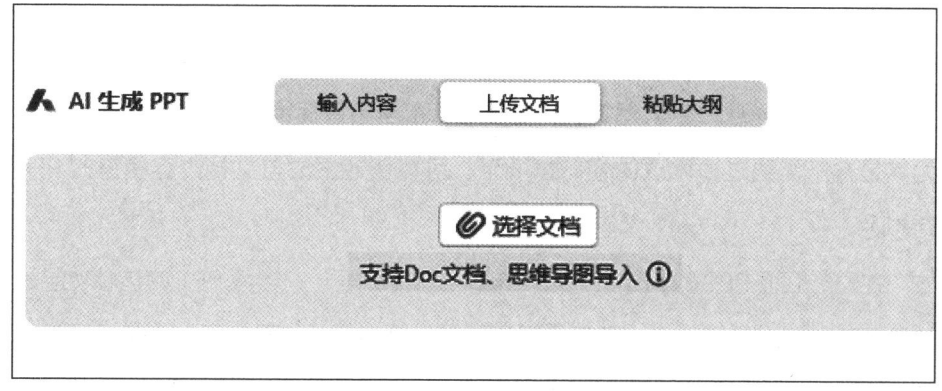

图 6-32 WPS AI 生成 PPT 文档上传页面

❸选择大纲生成方式

文档上传成功后，会自动跳转至选择大纲生成方式页面，如图 6-33 所示。

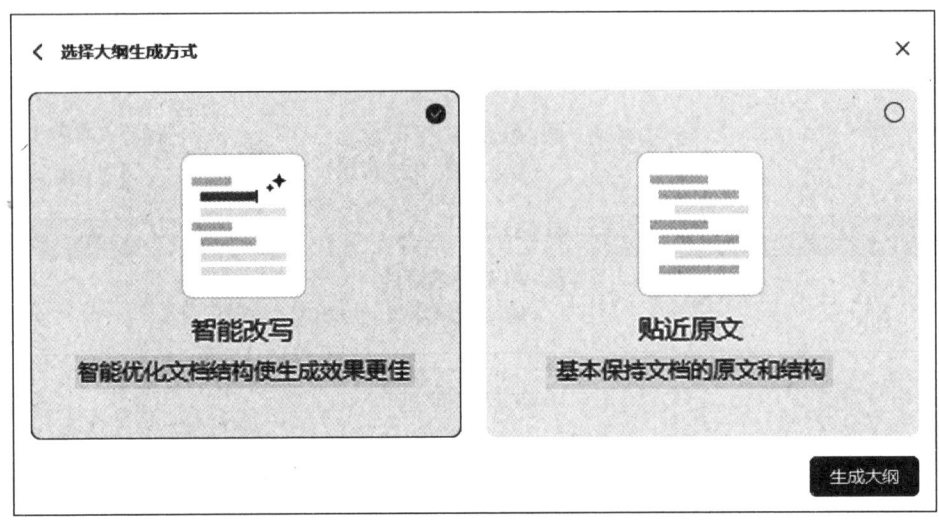

图 6-33 WPS AI 生成 PPT 选择大纲生成方式页面

WPS AI 提供了两种不同的 PPT 大纲生成方式，分别是"智能改写"和"贴近原文"。

"智能改写"是通过 AI 智能化处理上传的文档内容，自动生成符合 PPT 结构的大纲。这意味着 WPS AI 会对文本进行重新组织、优化表达，并提取出关键的主题和分段内容，帮助用户快速生成一个简洁、有条理的 PPT 大纲。

"贴近原文"选项会保留上传文档的大部分原文内容，尽量减少改写，直接将文本结构转换为 PPT 大纲。这种方式适合那些希望保留文档原始表达的用户，尤其是在不需要过多修改内容的情况下，可以快速生成与文档内容相符的 PPT 结构。

在财务汇报 PPT 的制作上，可以选择"智能改写"，毕竟 PPT 的核心功能是辅助展示和传递关键信息，而不是罗列所有细节内容。如果将所有内容都展示出来，反而会让观众信息过载，难以抓住核心要点。因此，PPT 应当通过简化、提炼，帮助观众快速聚焦在最重要的部分,而不是让信息繁杂堆积,影响汇报效果。

选择完成后,点击"生成大纲"后,WPS AI 将根据所选方式生成 PPT 的大纲。

❹挑选 PPT 模板

确认大纲无误后,用户可以点击"挑选模板"按钮进入模板选择页面(如图 6-34 所示)。

该页面分为几个部分,首先是推荐的模板,WPS 根据用户的常见需求,推荐了一些风格简洁、内容直观的模板。用户也可以通过"风格"和"颜色"两大筛选条件进一步优化选择。例如,如果财务报告需要较为正式的风格,用户可以选择偏向商务风格的模板;而如果是用于创意展示,则可以选择颜色鲜艳、设计感较强的模板。除了系统提供的模板,用户还可以上传自己准备的模板。

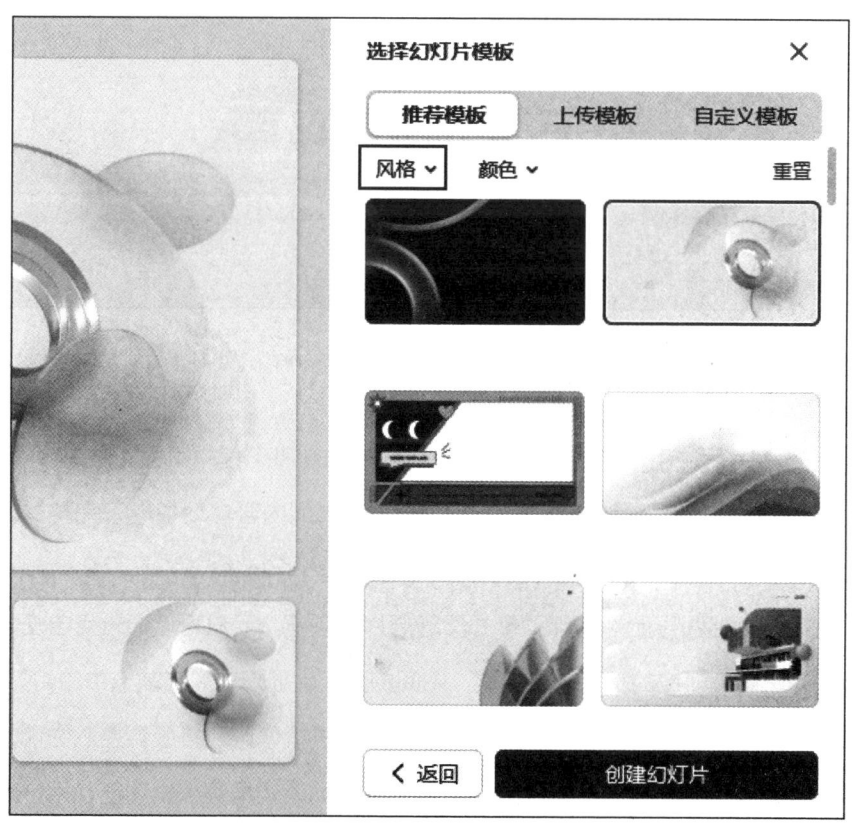

图 6-34 PPT 模版选择页面

❺生成 PPT

选定模板后,用户可以点击图 6-35 页面右下角的"创建幻灯片"按钮,WPS 会自动将之前的大纲内容与选定模板结合,生成结构清晰且视觉效果统一的 PPT,如图 6-35 所示。

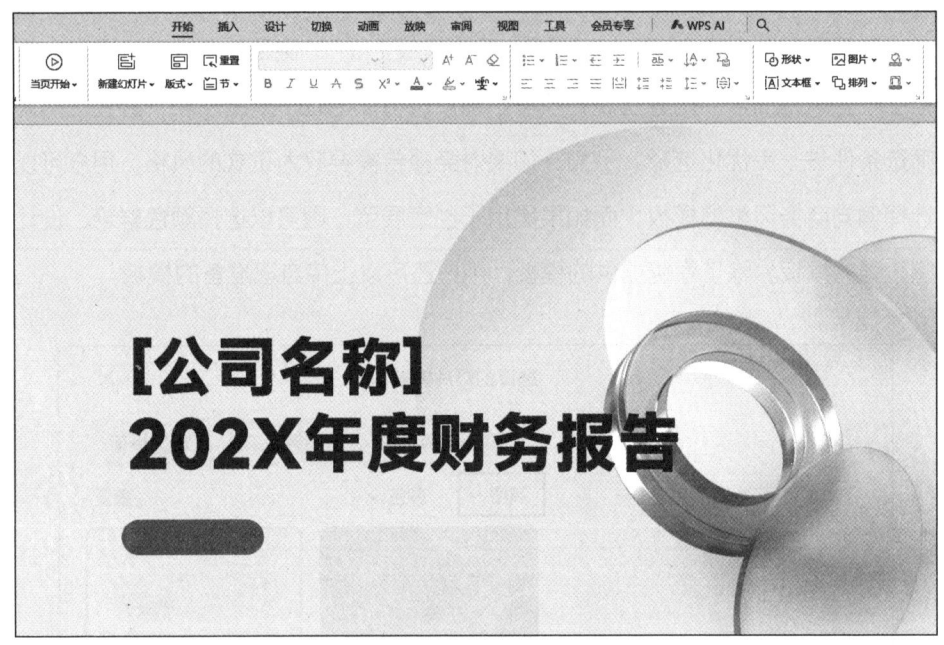

图 6-35 WPS AI 生成财务汇报 PPT

生成 PPT 后,用户进入的页面就是大家熟悉的 PPT 编辑页面。在这个页面,用户可以看到 WPS 已经根据之前选定的模板和大纲内容自动生成了完整的幻灯片,结构清晰,视觉效果也已经与所选模板统一。

左侧的缩略图导航栏展示了每一页幻灯片的预览,用户可以通过点击任意缩略图快速跳转到对应的页面进行编辑。中间的大区域显示的是当前选中的幻灯片,用户可以在这里直接对文字、图片、图表等内容进行修改和排版调整。右侧的工具栏则提供了文本格式、图片插入、形状调整、动画效果等编辑功能,用户可以根据需求进一步美化和完善 PPT 内容。

通过这个编辑页面，用户不仅可以调整文本和图表的具体内容，还可以灵活添加或删除幻灯片、改变模板的设计元素、优化视觉效果，确保最终的 PPT 符合汇报的具体需求。

❻预览并保存 PPT

在完成 PPT 的内容编辑和排版调整后，用户可以查看整个 PPT 的演示效果，检查动画效果和页面切换是否流畅。确认无误后，将财务汇报 PPT 保存在本地文件夹中即可。

以上就是使用 WPS 直接生成 PPT 的步骤演示，不过该功能目前需要开通 WPS AI 会员才可以使用，如果没有使用过的用户可以先申请领取几天的试用，尝试后再行决定如何选择。

【演示 3】 生成 PPT 汇报发言稿

生成了 PPT 之后，接下来要面对的就是汇报演示的环节。虽然 PPT 已经为汇报提供了一个视觉框架，但在实际演示时，照着 PPT 念是远远不够的。PPT 的设计本质上是简化信息展示，只呈现出最关键的内容，目的是引导观众的注意力。但要让财务汇报具有说服力和感染力，发言稿才是真正的核心。

发言稿不仅要补充 PPT 中未能呈现的细节，还要通过语言的组织，让数据和信息更加易于理解，逻辑清晰，打动听众。这时，AI 工具可以大显身手，帮助财务人员快速生成一份有感染力的发言稿。

具体来说，用户可以将生成的 PPT 内容输入 AI 工具，让 AI 根据 PPT 的每一页幻灯片生成对应的发言稿，提供流畅的叙述。还是以通义为例来演示一下操作：

❶将 PPT 输出为 PDF 文档再上传

由于通义暂时不支持上传 PPT，所以，我们可以先将 PPT 输出为 PDF 文件或图片，然后再上传。

只需要打开财务汇报的 PPT，点击页面左上角的"文件"，选择"输出为 PDF"，如图 6-36 所示。

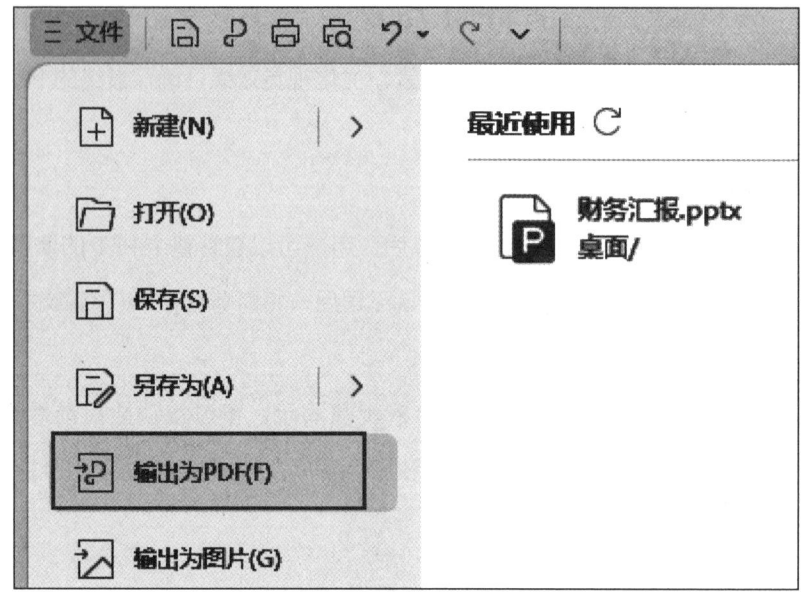

图 6-36 将 PPT 输出为 PDF 文档

然后将 PDF 文件保存在电脑上,并上传到通义平台。

❷向通义提问

在通义对话框中输入:"请根据 PDF 内容生成一份适合给公司管理者汇报的优秀发言稿。"

通义会根据汇报的语境,生成一篇具有高质量的发言稿,如图 6-37 所示。

通过这种方式,财务人员不再需要手动撰写发言稿,可以轻松专注于汇报内容本身。也不用像以往一样对着 PPT 逐字逐句地念,失去汇报的感染力。而是可以自如地讲解重点,让汇报更生动有力,真正抓住观众的注意力。

文档阅读完成 ∨

尊敬的各位管理层成员，

大家好！今天我将为大家汇报[公司名称]在202X年的财务表现及经营状况。这份报告不仅涵盖了我们全年的财务数据，还包括了内部系统和外部审计的信息，旨在为我们接下来的决策提供坚实的数据支持。

[公司名称]作为一家成立于[成立年份]的高科技创新企业，总部位于[地点]，一直专注于[主要产品/服务]的发展，并在[行业]领域中占据了领导地位。202X年对我们来说是充满挑战与成就的一年，公司在这一年里成功推出了[新产品/服务]，这不仅帮助我们在[市场]上取得了显著的市场份额增长，也成为了我们业务发展的关键里程碑。

从财务角度来看，公司的总资产达到了800000元，净资产为470000元，实现了500000元的总收入和96000元的净利润，这些数字充分展示了我们公司稳健的财务状况。值得一提的是，我们的收入同比增长了25%，这一增长主要得益于新产品的推出以及市场的进一步拓展。特别是在[具体产品/服务]方面，其收入的增长最为显著，而[主要市场]则是我们收入贡献最大的区域。

在成本与利润方面，我们实现了200000元的毛利润，毛利率达到了40%，同时营业利润和净利润分别增长了38.9%和38.4%，这标志着我们的盈利能力得到了显著提升，成本控制措施也非常有效。

关于现金流，总的来看，公司的现金流状况非常健康，净流入达到70000元，这部分资金主要用于固定资产的投资，体现了我们对长期发展的重视。此外，通过借款获得的资金净流入20000元，主要用于公司的财务调整，而销售增长带来的净流入125000元则主要来自日常运营活动。

图 6-37 通义生成发言稿

第7章

智能内控：
AI 提升财务安全的应用技巧

　　随着数据量的爆炸式增长和业务复杂性的提升，传统的财务内控手段已显得力不从心。AI 工具的引入，正好弥补了这一空缺，能够在财务内控的各个环节中提供比人类更深刻的洞察。比如，在面对复杂的税务合规要求时，AI 工具能迅速解读政策变化，帮助企业轻松应对；或者在审计过程中，自动提炼关键要点，避免遗漏。通过 AI 工具的智能分析，企业可以比以往任何时候都更早地预见潜在的财务风险，并及时采取措施进行化解。

7.1 AI 优化应收账款管理的操作方法

管理应收账款向来是财务人员面临的难题，尤其是在涉及复杂的客户关系、长账期或供应商付款周期不一致的情况下。企业往往因为数据不清、资金跟踪不力而导致财务紧张，进而影响运营和战略规划。而 AI 工具的引入，为应收账款管理提供了全新的解决方案。

接下来以通义为例，演示如何利用 AI 工具优化应收账款管理，确保企业的财务运营更加平稳、精准。

【演示 01】 预测应收账款回款时间

应收账款能否按时回款，直接影响到企业的资金流稳定性。如果能有效预测客户的回款时间，就能提升企业的资金链管理效率，以防企业流动资金准备过多，造成资金收益的下降，或者因回款延迟造成资金链断裂，引发更严重的连锁反应，影响企业正常运营。而平均回款时间、准时付款次数、逾期次数等数据指标，正是帮助企业预测和监控回款风险的关键。

❶准备应收账款历史数据

首先，需要收集和整理与应收账款相关的历史数据，确保数据的完整性和准确性。数据应该包括客户名称、订单日期、订单金额、账期（例如 30 天）、实际回款日期等信息。

假设公司有多家客户，以下是整理出来的部分历史应收账款数据，如图 7-1 所示。

根据您提供的数据,我们可以看到每位客户的平均回款时间、准时付款次数和逾期次数。以下是每位客户的详细信息:

客户名称	平均回款时间	准时付款次数	逾期次数
客户A	29	6	0
客户B	17	4	1
客户C	29	6	0
客户D	31	2	1
客户E	35	2	3

图 7-1 公司应收账款历史数据

❷ **上传数据并提问**

打开通义对话框,上传整理好的应收账款历史数据,然后输入指令:"请根据客户的应收账款历史数据,计算每位顾客的平均回款时间、准时付款记录和逾期记录。"

通义的回答如图 7-2 所示。

根据您提供的数据,我们可以看到每位客户的平均回款时间、准时付款次数和逾期次数。以下是每位客户的详细信息:

客户名称	平均回款时间	准时付款次数	逾期次数
客户A	29	6	0
客户B	17	4	1
客户C	29	6	0
客户D	31	2	1
客户E	35	2	3

图 7-2 通义计算应收账款相关数据

通义将每位客户的平均回款时间、准时付款次数、逾期次数计算并汇总了出来，这是预测客户回款时间的依据。

❸预测回款时间

根据每位客户的历史回款情况，就能在一定程度上合理预测出某笔订单的回款日期。

假设现在有一笔订单是公司与客户 A 在 2024 年 11 月 28 日交易的，账期 30 天，那么预计的回款时间是什么时候呢？通义的回答如图 7-3 所示。

根据表格中的信息，客户A在过去的一段时间内从未有过逾期，每次都准时付款。考虑到这一点，我们可以认为客户A是一个可靠的付款者，其回款时间可能更接近于平均回款时间。

在这种情况下，预计的回款时间可能是交易日期加上平均回款时间。对于这笔订单来说，预计的回款时间应该是：

2024年11月28日 + 29天（平均回款时间）= 2024年12月27日

因此，预计的回款时间是2024年12月27日。需要注意的是，这仍然是一个估计，实际的回款时间可能会受到多种因素的影响。

图 7-3 通义预测订单应收账款回款时间

当然，在实际工作中，预测应收账款的回款时间远不只是根据历史数据那么简单。还需要综合考虑订单金额、客户所属行业、地区以及当时的经济环境等多方面的因素，建立更加完善的预测模型。这次只是一个简单的演示，展示了如何通过 AI 工具来进行基础预测。具体的应用技巧和更加复杂的场景，还需要财务人员结合实际工作中的经验和数据，不断进行探索和优化，以便更好地应对不同的业务需求。

【演示 2】 客户信用评分与风险等级分类

应收账款管理的核心不仅是处理账单和款项，还在于如何有效维护客户关系。

客户的付款能力和习惯直接决定了企业的资金回笼速度。因此，识别哪些客户可能存在信用风险，哪些客户则是可靠的合作伙伴，可以帮助财务人员制定更好的催收策略，避免不必要的资金压力。

❶上传数据并评分

第一步还是需要收集客户付款的历史数据，以图 7-3 中汇总好的客户历史数据为例，将其上传给通义，或者直接在通义给出的汇总表格下面接着提问："请根据客户历史数据生成信用评分，并按高、中、低风险分类。"

通义的回答如图 7-4 所示。

以下是对每个客户的信用评分及风险分类：

客户名称	平均回款时间	准时付款次数	逾期次数	信用评分	风险等级
客户A	29	6	0	A	低
客户B	17	4	1	B	中
客户C	29	6	0	A	低
客户D	31	2	1	C	高
客户E	35	2	3	D	高

请注意，这是一个示例性的信用评分系统，实际的信用评分可能需要使用更加复杂的算法和更多的数据来进行评估。

图 7-4 通义生成客户信用评分与风险等级

❷根据客户类别提供相应的回款策略

仅仅为客户提供信用评分和风险分类并不具有实际意义，真正的价值在于财务人员能根据这些评分和分类，制定出具体的应收账款策略，来帮助企业更有效地管理回款。

接下来，可以询问一下通义对于不同风险等级客户的应收账款管理有什么建议，结果如图 7-5 所示。

> 对于不同风险等级的客户，应收账款管理策略可以有所不同。以下是一些建议：
>
> **低风险客户（信用评分 A）**
>
>   **特点**：回款时间短，几乎无逾期记录。
>
>   **建议**：
>
>   提供小额现金折扣（如1%）以增强忠诚度。
>
>   定期沟通，了解客户需求，提供更好服务。
>
>   延长账期或提高信用额度，增加信任。
>
> **中风险客户（信用评分 B）**
>
>   **特点**：回款时间适中，偶有逾期记录。
>
>   **建议**：
>
>   提供适度现金折扣（如2%），鼓励及时付款。
>
>   定期发送付款提醒，加强监控。
>
>   定期评估信用状况，及时调整信用政策。
>
> **高风险客户（信用评分 C 和 D）**
>
>   **特点**：回款时间长，频繁逾期。
>
>   **建议**：
>
>   谨慎使用现金折扣，如有必要，设定严格条件（如5天内付款）。
>
>   缩短账期，降低信用额度，甚至要求预付款。
>
>   加强监控，及时跟进回款情况。
>
>   考虑法律手段追讨欠款。
>
>   建立风险预警机制，提前识别潜在违约风险。

图 7-5 通义给出不同风险等级客户的应收账款管理策略

可以看到：通义针对不同风险等级的客户提供了具体的应收账款管理策略。不过，其中部分建议较为常规。比如，对低风险客户的建议主要是加强忠诚度和服务，这种说法相当笼统，缺乏实际操作性，需要感兴趣的财务人员针对这些要点继续深入提问，此处因篇幅有限，不再演示。

7.2 用 AI 工具解读税务合规要求

税务合规是企业财务安全的底线，一旦处理不当，可能导致罚款、业务停滞，甚至损害公司声誉。不仅要花大量时间去解读，还要确保准确无误地执行。财务人员可能每天都在为最新的税率调整、抵扣条件变化而绞尽脑汁，生怕一不小心漏了哪个细节，导致罚款或税务局的审计。一些政策文件又长又复杂，稍有不慎就可能错过关键信息。更别提面对全国不同地区，甚至全球范围内的税务政策，管理起来就更是让人焦头烂额。所以，财务人员迫切需要能高效解读和准确应用税务政策的工具来减少负担，避免风险。于是有了 AI 工具的用武之地。

【演示 1】 高效解读税务文档

在日常工作中，财务人员需要处理大量的税务文件和政策更新，这些文件往往篇幅较长且语言复杂。财务人员逐字阅读长篇大论的政策文件十分费劲，还容易漏读条款。利用 AI 工具可以自动提取其中的关键信息，并生成简明扼要的解读报告，帮助财务人员快速掌握文件中的重点要求。

具体操作有三种办法：一是上传税务政策或法规文件到 AI 工具中，然后输入指令提问；二是参考前面创建财务问答智能体的步骤，创建一个新的税务合规智能体，当有税务政策更新就上传到智能体知识区域，然后针对税务政策内容进行提问；三是利用通义效率工具箱中的"阅读助手"，对政策文件进行全文总结与解读问答。

由于前两种方法在前面的很多内容中已经重复使用过，这里重点演示一下第三种方法的操作步骤：

❶打开通义"阅读助手"

在通义"效率"里，找到"工具箱"，里面有一个"阅读助手"，如图 7-6 所示。

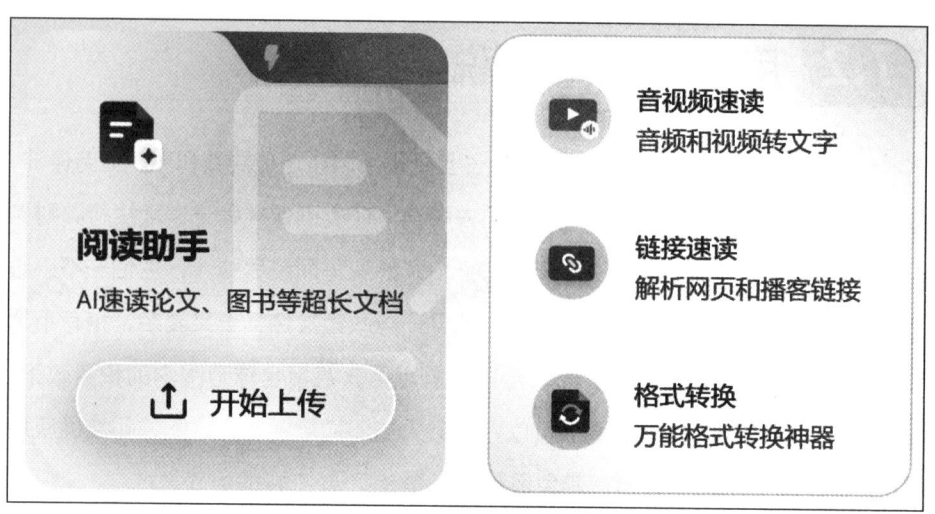

图 7-6 通义"阅读助手"

❷上传税务政策文件

点击"阅读助手"下面的"开始上传"按钮,将需要解读的文件提前下载好并拖拽至文件上传区域(如图 7-7 所示),这里支持上传文档、论文,还支持上传图书,如果有财务方面的论文和书籍想要学习,也可以利用该功能快速解读书籍的主要内容。

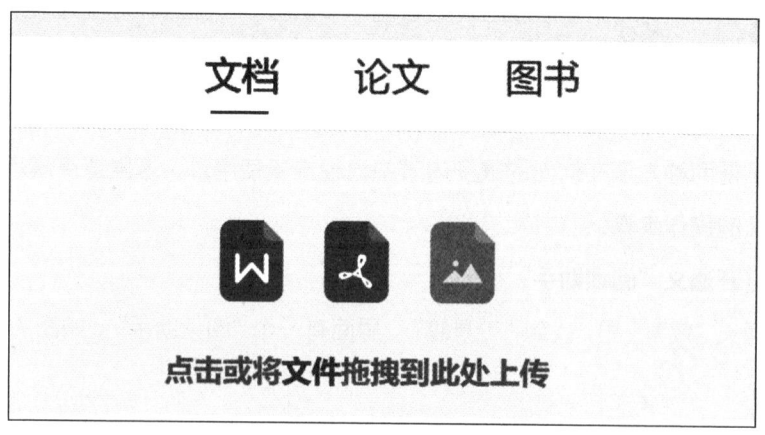

图 7-7 通义"阅读助手"文件上传页面

这里上传一份《关于提高个人所得税有关专项附加扣除标准的通知》为例，上传成功后，文档会出现在下方的最近记录里，点击这份文件即可进入问答页面。

❸解读文档

点击进入文档解读页面，右侧会有"导读""翻译""脑图""笔记"四大项，点击"导读"，有关于整篇文件的全文概述、关键要点展示，如图7-8所示。

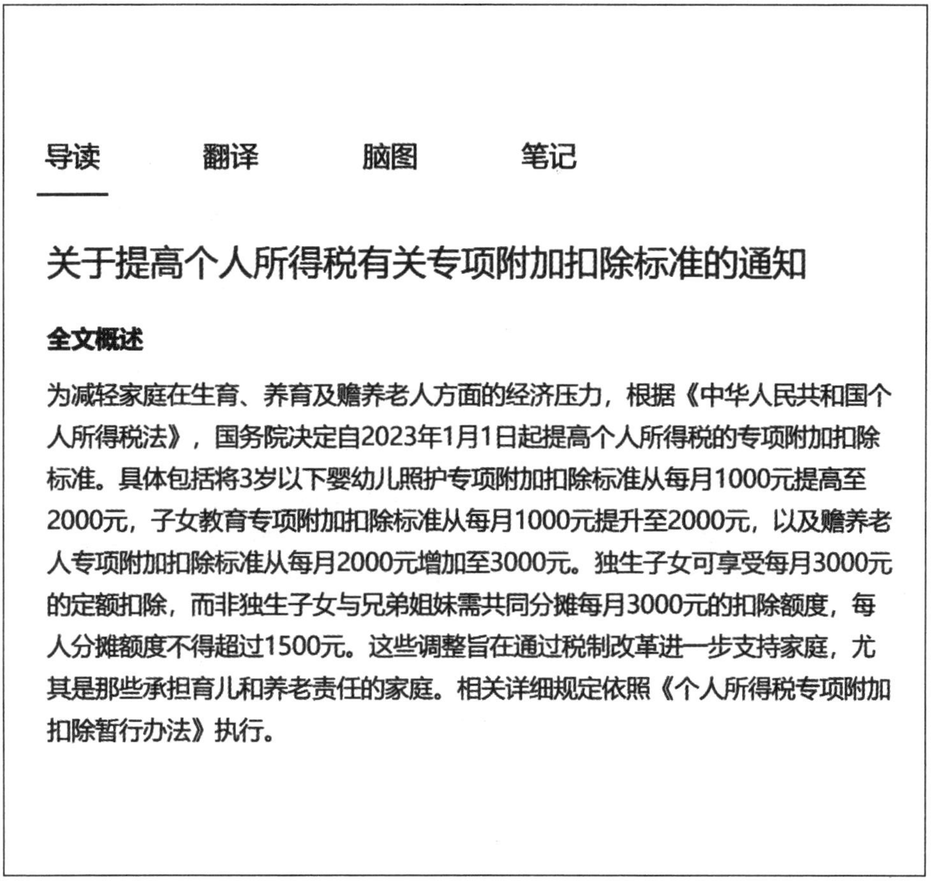

导读　　**翻译**　　**脑图**　　**笔记**
———

关于提高个人所得税有关专项附加扣除标准的通知

全文概述

为减轻家庭在生育、养育及赡养老人方面的经济压力，根据《中华人民共和国个人所得税法》，国务院决定自2023年1月1日起提高个人所得税的专项附加扣除标准。具体包括将3岁以下婴幼儿照护专项附加扣除标准从每月1000元提高至2000元，子女教育专项附加扣除标准从每月1000元提升至2000元，以及赡养老人专项附加扣除标准从每月2000元增加至3000元。独生子女可享受每月3000元的定额扣除，而非独生子女与兄弟姐妹需共同分摊每月3000元的扣除额度，每人分摊额度不得超过1500元。这些调整旨在通过税制改革进一步支持家庭，尤其是那些承担育儿和养老责任的家庭。相关详细规定依照《个人所得税专项附加扣除暂行办法》执行。

图 7-8 通义税务文件导读

而在脑图页面，已经将个人所得税有关专项附加扣除的各项标准一一梳理清楚，并以清晰的层次结构呈现（如图 7-9 所示）。这种图形化的展示方式让财务人员能够快速掌握每项扣除的具体要求与限制条件。

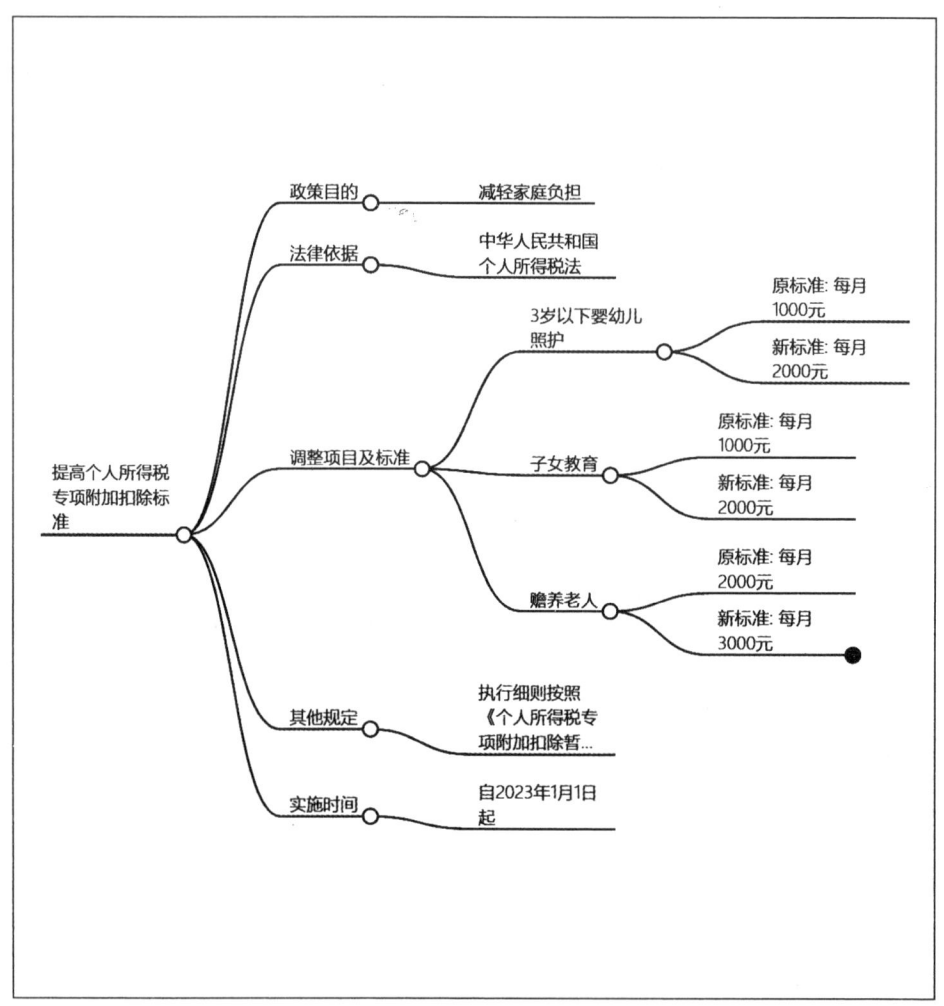

图 7-9 通义税务文件脑图梳理

点击页面下方的对话框还可以就税务文档细则内容进行提问，如图 7-10 所示。

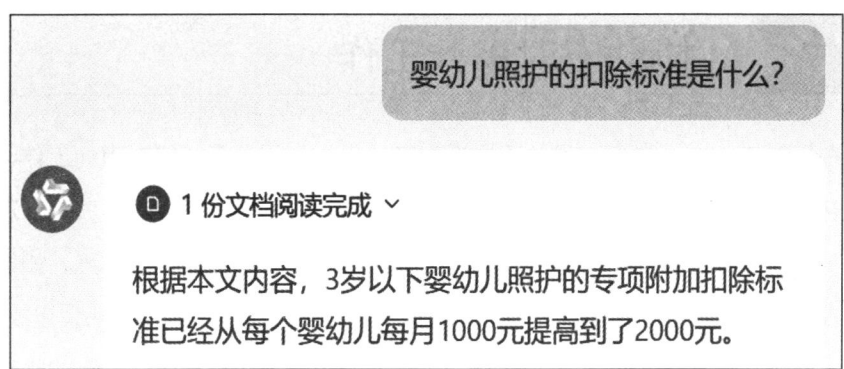

图 7-10 通义税务文件内容问答

【演示 2】 网页在线解读

除了"阅读助手",通义还支持"链接速读",该功能同样在"效率""工具箱"中能找到,点击可以添加网址链接,如图 7-11 所示。

图 7-11 通义"链接速读"网址输入页面

举个例子,此处还是输入《关于提高个人所得税有关专项附加扣除标准的通知》的通知链接,等链接上传成功后,仍旧会进入与图 7-10 一样的页面,里面对网址上的内容进行了导读,也可以生成脑图,或进行提问,所有的操作都是一样的,只不过是内容上传的方式不一样。

7.3 AI 协助应对审计工作

在日常工作中，财务人员并不是等到审计人员上门才开始应对审计工作，反而是在平时的工作中就要时刻准备应对审计检查。因为每次审计其实就是一次对财务工作的全面体检，所有的细节、每一笔账目，都可能成为审计重点。如果财务内控环节不到位，比如审批流程不清、费用报销混乱，到了审计时就会被放大。所以，财务人员要做的就是提前梳理这些可能被审计的要点，确保所有的账目清晰，数据准确。

【演示1】 分析审计要求

在审计过程中，财务人员经常会收到一些具体的审计要求，但并不总是能够立即理解这些要求背后的用意。有时，审计要求看似平常，但实际可能是审计人员针对某个潜在风险点提出的。而这时候，AI工具可以帮助财务人员分析这些要求背后的意图，以更好地应对审计。

举个例子，假设审计人员要求检查"公司过去六个月内所有采购合同的审批流程是否符合公司内部控制规定，并提供相关审批记录。"财务人员可能不清楚为何审计人员会特别关注采购合同的审批流程。为了避免遗漏关键点，可以使用通义来分析审计人员的要求。

在通义对话框中输入指令："审计人员要求检查过去六个月内所有采购合同的审批流程，我不太确定这个要求的用意是什么。请帮忙分析一下可能的审计重点。"通义给出的回答如图7-12所示。

下一步，财务人员应该根据这些审计重点，结合实际操作，逐步进行检查和准备相应的资料。

> 审计员要求检查过去六个月内所有采购合同的审批流程，通常是为了确保公司的内部控制制度得到有效执行，防止舞弊行为发生，并保证交易的合法性和合理性。以下是可能的审计重点：
>
> (1). **合规性审查**：审计员会检查采购合同是否符合国家法律法规以及公司内部的规章制度。例如，是否有超出预算的采购，是否有未经过适当授权的采购等。
>
> (2). **审批权限**：确认每一份采购合同是否由具有相应权限的人士审批通过。比如，根据金额大小，不同的合同可能需要不同级别的管理人员批准。
>
> (3). **流程透明度**：评估采购过程中的透明度，包括供应商的选择标准、价格谈判机制等，确保不存在利益冲突或偏袒特定供应商的情况。
>
> (4). **记录完整性**：核实所有相关的文件资料是否齐全，如采购申请表、报价单、合同文本等，以及这些文档之间的逻辑关系是否合理。
>
> (5). **成本效益**：分析采购决策是否基于成本效益原则做出，即是否以最低的成本获得了最优质的产品或服务。
>
> (6). **风险管理**：了解公司在采购过程中采取了哪些措施来识别和管理潜在的风险，比如供应中断风险、质量问题等。
>
> (7). **绩效评估**：考察采购活动对公司整体运营绩效的影响，比如库存水平、现金流状况等。

图 7-12 通义分析审计要求

【演示 2】 模拟审计问答

在审计过程中，财务人员常常需要面对审计人员的各种提问，而这些提问往往涉及具体的流程、数据以及政策执行情况。为了避免在实际审计时手忙脚乱，财务人员可以利用 AI 工具，进行模拟审计问答练习。

假设审计人员即将进行一次费用报销的审计，财务人员可以在 AI 工具平台上输入相关审计场景的提示，开启模拟过程。

例如，在通义的对话框中输入："审计员将检查公司的费用报销情况，请帮助模拟可能的审计问答。下面你是审计人员，你来问，我来回答。"

通义直接开启模拟环节，提出了第一个问题，如图 7-12 所示。

> 好的,直接进入模拟环节。
>
> **审计员提问:**
>
> 请说明6月份一笔超过5万元的差旅费报销的具体用途是什么?这笔费用包括了哪些项目?另外,这笔报销的申请和审批流程是怎样的?请确认是否所有步骤都遵循了公司的相关政策和程序。

图 7-13 通义模拟审计问答

接下来就会进入一问一答环节,如果有某个问题回答得不好,财务人员可以开启一个新的通义对话框,直接询问如何作答,获得答案后再回到原来的模拟对话中继续进行。

这种方式确保了模拟过程的连续性,不会因为某次答复不佳而中断。通过这样的练习,财务人员能及时调整应答策略,提升审计问答的精准度。

总之,尽管 AI 工具的功能看似有限,但它的用法却是无限的。希望财务人员能在未来的实际工作中不断尝试,挖掘 AI 工具的潜力,让工作变得更加高效、灵活,甚至重新定义工作的方式。